AQUARIUS

AQUARIUS

AQUARIUS

AQUARIUS

Catcher

一如《麥田捕手》的主角，
我們站在危險的崖邊，
抓住每一個跑向懸崖的孩子。
Catcher，是對孩子的一生守護。

閱讀深動力

從「對話」開啟閱讀，激發出孩子的不凡人生

李崇建・甘耀明

來自各方的好評與推薦

● **張輝誠**（中山女高國文老師、學思達創辦人）

談閱讀，早期大多落在閱讀習慣，閱讀數量的養成與增長，漸漸過渡到閱讀理解與創造能力的培養與確立。本書之珍貴，在於將閱讀理解與創造帶到另一個新世界，即是將知性為主帶往情意深處，從文本理解帶往切身體驗，從外在知識之理解帶往內心幽微之種種觸動，甚至帶出自己也未必能察覺的原生家庭千絲萬縷之久遠影響，呈現出深闊又豐富且細膩無比的閱讀新世界。同時他又嘗試將各種創新教學方式巧妙融合在這個主脈絡之中，打造出迷人、多元、精采的閱讀與教學新風景。這樣的風景，倘出現在體制內的教學現場，肯定也讓很多親師生嚮往與著迷吧。

推薦這本新書《閱讀深動力》。

鍾翠芬（平興國中主任、桃園市綜合活動領域輔導團輔導員）

原以為「體驗、省思、實踐」是綜合活動領域，課程專利的內涵與教學策略。在本書中，我見識李崇建及甘耀明從閱讀生命文本（體驗），透過體驗式提問，與孩子在生命經驗裡對話（多層次省思的引導），深入感官探索，連結生活經驗，觸動孩子自發、專注閱讀，自然躍入繁花似錦，充滿想像與驚喜的閱讀及創作經驗（實踐）；不只驚豔，更是迫不及待想應用於教學，也誠摯期待您能藉此啟動孩子的閱讀素養能力。

官淑雲（曉明女中圖書館主任）

在學校推動閱讀最苦惱的是：不知如何將閱讀策略融入教學中，引領孩子閱讀。本書作者透過薩提爾模式的閱讀實踐，循序漸進的帶領讀者，學習閱讀引導及體驗閱讀，是每位閱讀教師及閱讀推動者的必讀聖經。

李明融（台中市沙鹿高工國文科老師）

急於詮釋分析文本，如聚焦問題解決，忽略人的豐盛。因李崇建及甘耀明的帶領，孩子與文本開展出令人深刻感動的生命力。

林姿君（北市濱江國小老師、2014教育杏壇芬芳錄、2015親子天下創意教師、2016臺北市Special教師）

透過本書作者引導式的閱讀暖身、深挖式的閱讀體驗，善用孩子的生命經驗與文學作品深刻連結，即使是經典的閱讀，都讓孩子有著了魔的動力。

蔡宜岑（高雄市民族國中老師）

閱讀的形式有很多種，再怎樣的「黑暗主題」，用文學的溫潤之心處理，人生便有況味，這路徑跟「對話」以好奇了解人的行為類近。透過閱讀者的體驗，就能跳脫「後天DNA」的框架。經由《閱讀深動力》，我又走過一遍心靈層次，期勉自己面對許多文本，要有能力引領學生進入寬廣的視野，進入更深入的人文思考。

閱讀深動力

從「對話」開啟閱讀，激發出孩子的不凡人生

巫邑儀（南投縣育英國小老師、第二屆SUPER教師國小組首獎、台灣閱讀文化基金會南投縣愛的書庫埔里區負責人）

帶孩子閱讀多年，最不樂見「書是書，人是人」的境況。本書透過提問、討論，展開對話、帶入體驗，安定了茫然惶惑的心，啟動了學習者的內在資源，人書合一。〈學記〉云：「安其學而親其師，樂其友而信其道」。當前教育亂象叢生，如何讓學習者能「安」其學，應是當務之目標。

郭進成（高雄市英明國中公民老師）

如何閱讀生命這本書呢？《閱讀深動力》讓我恍然大悟：在細節裡探尋感受，在感受裡探尋細節。

黃尹歆（福山國中老師、教育部閱讀推手、105年高雄市SUPER教師）

做為一名閱讀推手，《閱讀深動力》向我示範了閱讀指導的最高境界：如何在體驗上停頓、分辨及進行思維的歷程，不啻醍醐灌頂！

蘇明進（台中大元國小老師）

閱讀《閱讀深動力》數次，仍對李崇建與甘耀明帶領閱讀的功力大為折服。以體驗式的情境對話來活化閱讀，更能貼近孩子的心靈，閱讀此書真是獲益匪淺。

楊恩慈（彰化縣忠孝國小校長）

「閱讀」，如何改變一個生命？如何鬆動一個人固有的思維？

面對自己生活上切身相關的生命事件時，我們往往在情緒面前手足失措，明明知道自己不該如此，卻又陷入其中，無法掙脫。我們如何閱讀這樣的自己？如何覺知由「過去的經驗」、「從小被教導的觀念、規條」所形成的「後天DNA」？

李崇建與甘耀明在《閱讀深動力》一書中，轉化「薩提爾模式」，透過對話、體驗性的停頓，探索、閱讀自己。在人心浮動不安的時代，正是時候，讓「體驗性閱讀」引導自己真誠的探索自己、發掘自己內在的動能、找到生命真正的安定與寧靜……

李雅雯（台中市至善國中老師）

透過課堂上文本討論，示範對話延伸，處處可見本書作者以好奇探索的詢問與一致性姿態，營造正向的開放性討論。李崇建與甘耀明理解的不只是文本結構，更是生命經驗；對話的不只是文本內容，更是愛與感受。

林佩芬（台中市立大墩國中家長會副會長）

閱讀，原來可以是這樣的樣貌。在融入思考、理解，甚至是體驗之後，竟然可以迅速而清楚的看到更深層的內涵。感謝我們的閱讀帶領者——李崇建與甘耀明，讓閱讀更融入奧妙的生命中了。

溫美玉（南大附小老師）

李崇建與甘耀明本是優秀的作家，對於文本的解析自不在話下，又因導入薩提爾的諮商模式，讀者與文本產生了撞擊式的對話。

王宏仁（台南護理專科學校、通識教育中心國文科助理教授）

一路暢讀，難以釋卷。不自覺地隨著本書文字，沉浸在師生的對話之中。原來，閱讀的層次不只是理解與思辨，還可以是更多的體驗與內省。正在苦思良策引導孩子走進閱讀的老師們，本書值得一讀。

王建宇（南投佳音負責人）

從對話發展而來的閱讀策略，運用在英語教學的環境，更能讓孩子們領略文本與語言，在實用性與美感上，具有莫大的影響力，看見閱讀潛移默化的力量。

駱以軍（作家）

一種新穎、燦爛又實用的文本閱讀指南手冊，將學生與教師的距離拉近到逼視心靈的交流，彷彿是新的文學體驗營般迷人。

許童欣（豐東國中教師、台中市國文科輔導團輔導員）

透過此書的內在引導，我們更能通過感官，以體驗性對話的引導，進而思考與理解，展延為廣泛的閱讀。在多次研讀後，我逐漸學習如何讓自己的姿態更趨於一致性，並且更能迅速的自我覺察，也努力轉化成應對身邊周遭的人們的溝通姿態，雖然常因自身的慣性思維太強，而無法在經驗裡停頓、探索，因此在書中得到閱讀的體驗性啟發，而非僅停留在思維層次而阻礙感受，是我閱讀此書得到最大的珍寶了！

【推薦序】

閱讀終究是要與生命對話

——黃國珍（《閱讀理解》雜誌創辦人、品學堂執行長）

四月初，收到崇建老師一封邀約的訊息，希望能為他將要出版的新書寫篇文章。我很快地答應這份邀約。因為這是個難得的機會，既能優先閱讀到新書的內容，又可以表達我對崇建老師在教學方法中，融入心理諮商的深度，為教育體系帶入正向對話力量的敬意。

閱讀《閱讀深動力》這本書的過程，充滿驚喜與共鳴，雖然我和崇建老師走在不同的路徑上，但是終極目標、思索的問題和閱讀作為觀照生命成長的價值是一致的。

這世界是一部巨大的文本，眼前每一個生命都充滿奧祕。我們生活裡為自己寫下的生命故事都融入其中，成為篇幅或長或短，影響有深有淺的篇章，每個人既是這文本的共同作者，更是閱讀者與詮釋者。

這世界是訊息所建構而成，我們對世界的理解，決定於自身如何認知訊息，建構意義。我多次在演講的過程中問道：「『從文字到意義』這句話中，你認為最重要的是哪個部分？」幾乎沒有意外，所有的人在第一次回答中都選擇「意義」，但是當我問：「有沒有人有不一樣的看法？」也有人轉向選擇「文字」，只有極少數的朋友會說：「是『從』和『到』的過程」。事實上，擁抱意義或文字都是不同形式的制約，我們的意識與思維並不存在這兩端，而是在從閱讀文字到形成意義的過程中。而這對「文本」詮釋的過程，正是閱讀者的內在生命品質的投射。

這世界我們所面對的一切就只是「存在」，沒有更多，也沒有更少。當文本的形態延伸到生命與世界的存在，它依舊仰賴閱讀者自身詮釋的條件，將其內容轉化為被讀者自己所相信的真實與意義，這結果會因個別內在條件的差異，建構出差別如天堂與地獄的不同世界。而生命最深的困境是無法走出自己為自己設定的劇本與角色，因為外面沒有別人，放眼所見盡是我們內在的投射，舉目所見的世界都因自我主觀的詮釋，形成為理所當然的意圖，困住生命前進的步伐。

透過閱讀形成來自生命深處的動力，是超越這困境的方式。這也是崇建老師在這本《閱讀深動力》中要分享的核心思維。從閱讀者，轉化為對生命這文本有覺察能力與自省深度的詮釋者，在閱讀別人故事的同時，探索並且理解自己，接納自己，蓄積開展的生命力。這是一條迥異於從知識層面與普世規範中尋求認同的路徑，但這是一條正確的路徑，因為閱讀終究是要與生命對話，回饋於生命的品質。

文本是訊息的集合，訊息的形式不僅限於文字。但是文字是最普及的溝通工具。中文字承載一個作者在這世界生活、體驗與思考的告白，本質上是對生命與世界這文本的詮釋註解，因此，閱讀若失去與生命的連結，也就失去最珍貴的價值。

回想在學生時期，老師在我讀完一本書或一篇文章之後，最常問的問題是：「各位同學讀完後有什麼心得？」這問題看似合情合理，不過從心智活動來看，這問題錯過了閱讀和生命連結最美妙的那一刻，因為「心得」不是我們在閱讀中最原始珍貴的觸動。我們從文字所獲得最原初的禮物是「感受」，那來自靈魂所在最深處，自己都無以明說的悸動。

本質不是形式上看到的，任何形式的寫作都是作者的獨白，而閱讀是場深度的對話。崇建老師這本書，透過閱讀建構出作品與閱讀者間，一層一層往內在探索的對話，投射出一幕一幕生命的歷程。讓我看見了內在受傷的脆弱，也展現愛與寬容對身心的療癒，詮釋生命蛻變的力量，將閱讀與對話為生命帶來改變的深層脈絡，化為一則一則動人的故事。

對我而言，閱讀不是讀一本書的教育，而是閱讀生活，理解世界的教育，是學習的教育，是思考的教育，是自省的教育，是有能力發現並接受自己可能是錯誤的教育。

讀完一本書是一件好事，讀懂一本書是一份成就，但是願意讓一本書來改變自己的這個思維，是一份智慧，有了這份智慧，生命才得以改變。

崇建老師在《心教》中，點燃每個孩子學習的渴望，在《心念》中，從情緒引導內在的學習。這次在《閱讀深動力》中，開啟閱讀與生命覺察的深度對話，為當前流於技法與形式的閱讀課賦予靈魂。

作為一位教育者，能觀照呵護心中那位內在的小孩，就能延伸疼惜眼前的學生。最深層的閱讀與理解來自於一顆開放、客觀和願意同理的心。我不是你，但是我願意閱讀你的故事，從你的話語，你的心思，你的世界，擁有原本不屬於我的感受……

祝福所有的讀者，在這本書中理解彼此，接納自己，寬容已發生的，思考生命的課題，在閱讀中成為更好的自己。

【前言】森林不拒探險家的到訪

甘耀明

二〇〇三年初，我和崇建各自出版第一本小說，憑藉我們多年的開放教育經驗，接著合寫教育書《沒有圍牆的學校》。書寫得很快，近一個月完稿。當時我已離開教職，在花蓮讀書的校區宿舍寫稿；崇建則在卓蘭山上教書，寫稿。我們一天的電子書信往返五封以上，討論教育書的觀點與細節，並打氣。那真是美好的日子。

《沒有圍牆的學校》主旋律是崇建，他在教育有獨特想法與實踐力，不懈付出，才有源源不絕的動人故事。崇建親炙教育現場，並不是熱情所致，是這工作有收入，教學之餘又可從事文學創作，我也是這樣才上山。崇建思路清晰，反應機敏，充滿創造力，即使教育不是他的使命，也比別人更有建樹，但我不是。

三十歲的我看到了自己能力的盡頭，即使未看清，路怎樣走都有了預感，我頂多是稱職教師，不會有更多可談的。寫完《沒有圍牆的學校》，我回到小說創作，歷經千迴百轉，而崇建繼續往教育的路徑深入，幾近台灣另類教育的拓荒者，孜孜矻矻前行。

美國詩人佛洛斯特在〈未竟之路〉寫下：「兩條路在黃色的樹林間岔開，可惜我不能走兩條路」。二〇〇四年的《沒有圍牆的學校》之後，我和崇建走上各自能為的路，這兩條小徑沒有交集，頂多共享一片文字森林，彼此在不同的位置看見叢林那頭的細碎身影，多彩的，繽紛的，或短暫踟躕。沒有一條路是簡單，沒有一條路是捷徑，任何人要有專業能力，唯有走到第十年才能發現自己來到怎樣的位置。來到這位置的崇建已是諮商教育、教室經營與親子溝通的能手了，我們距離樹林小徑的分別有十餘年了。

二〇一六年的冬天，某次聚會，崇建提及再次合作寫書。我苟且認同，不以為意。崇建的人生哲學，以實踐力為傳動軸，說走就走，不久把我拉上寫作的高速公路，進行《閱讀深動力》與《對話的力量》書寫。事實上，我認為崇建可以不用找我合作，我在書裡沒有聲音，也不會有聲音，教育不是我的強項，大音希聲——好樂聲是幾乎寂靜無聲的——尚可調侃我在此書的表現。我在此書的工作是將崇建的稿件轉成我的語言風格，將專業術語轉成常人可解的意思，如果要是讀者尚有不解處，顯然是我的工作疏失。或許我這樣想，崇建邀我寫書，是想贊助我的文學創作，又不敢明講，遂有了合寫計畫。

《閱讀深動力》所寫的文本，是崇建十餘年來不斷操作的，以蘇童的短篇小說〈小偷〉而言，是他在體制外學校的教材。當時一批大陸小說家，如蘇童、余華、莫言等作品，在台灣有一定讀者群，我們推廣給學生，獲得不少反映。〈小偷〉是我最常聽崇建示範的教案，歲月沒有被偷走，多年前聽到的與昨天聽到的一樣生動，然而絕對有什麼添加在這歲月中了。

有什麼添加的話，是薩提爾，使文本有不同面貌，成為《閱讀深動力》的靈魂。薩提爾是諮商輔導系統，崇建學習多年後，不只改變自己，也藉此改變不少人。他更試著把薩提爾生活化、日常化，這套原本只能由少數專業人士操作的系統，他化為簡單心法，融入生活，風格強烈的《心教》是展示台，《給長耳兔的36封信》、《心念》則是抒情旋律，處處可見薩提爾的魅力，尤其是由他最擅長的冰山系統貫穿。

崇建反應機敏、能言善道，從大學伊始，給同學們的印象就是這樣。隨歲月滋潤，他廣博閱讀，言語的縫隙常閃爍知識的光芒，說故事的本領也強，氣氛拿捏好。這樣的口舌功夫，沒有薩提爾的幫襯，他仍舊是精采的教師。但是多了薩提爾，徹底改變了他的教學精神。他依舊是課堂說書人，但是班級經營與師生互動，多了深層的照見與浸潤。

出於書寫此書的目的，我再度進入崇建課堂觀課，包括魯迅〈藥〉、英文翻譯小說〈賭徒〉、蘇童小說〈小偷〉，並且做了紀錄。崇建的教案，透過文本與學生互動的方式，非常類似學思達模式，且善用「體驗性」的經驗回溯與模擬，使課堂有更多生命教育的底蘊。我體悟到，崇建從《閱讀深動力》發展出來的幾套模式，未必只能套用在文學文本，諸如社會議題、歷史事件、哲學思索，甚或創意激盪，甚至一首流行音樂或流行文化，都可以發展出深刻對話，或呼應個人的生命情狀。我這麼說，是希望有心人能善用《閱讀深動力》的概念，不僅只是在文學文本的運用，更可移作他用。一位有心發展自己所學所見的人，可以從書中整理出模式，活用在自己的工作、家庭互動，或學科教學，發展出個人效率的路數，那才是重要收穫，也是這本書最值得閱讀的價值。

《閱讀深動力》完成後，我參加崇建舉辦的三日工作坊。我私下多次聽他講薩提爾的冰山理論，也曾在公開場合聽他演講，略懂皮毛。但堂奧之大，我無從深涉。參加完三日的工作坊，深獲奧妙之感，那就像以前看ＮＢＡ籃球賽，得透過電視轉播，如今終有機會坐在球場第一排，親臨球員的細部動作與揮灑而來的汗珠，各種感受踵繼，我重新思索自己的人際與原生家庭互動，有更多體悟。我思忖，薩提爾與文學的跨界結合，就像粉圓加入奶茶般自然，成為一款茶飲珍珠奶茶，但是這最初的動念是如何萌芽，組合過程怎樣磨合，恐怕只有崇建個人特質與創造力才能解釋，這或許是某種「文創」吧！

我好奇，走過這本書，崇建的下步棋該如何移動。這好奇是值得等待，他是有故事的人、會創造故事的人，森林有許多路，路過了一季節有時會莫名其妙的被落葉或雜草湮埋，但森林從未拒絕探險家到訪，我總會看到又有一條路被走出來，在不久的未來。

感謝

這兩本書從發想至完成，需要感謝下列人：

感謝新加坡卓壬午先生，最初求教我如何「對話」，能夠更有品質與意義，我因此開始思索對話的脈絡。

感謝新加坡耕讀園陳君寶先生，他舉辦了數場對話與閱讀講座，讓我有機會整理脈絡，更清晰對話如何表現。

感謝我的摯友甘耀明，願意與我一起完成此書，若不是他的協助，將更順暢的語言，更有結構的表現，更準確生動的表達，這兩本書不會如此呈現。

感謝張輝誠老師為首的學思達伙伴，還有背後支持學思達的教師與企業家，將薩提爾模式對話，帶入學思達社群，讓我有機會藉此深化對話脈絡。

感謝所有關心教育的伙伴……

——李崇建

《閱讀深動力》

目錄

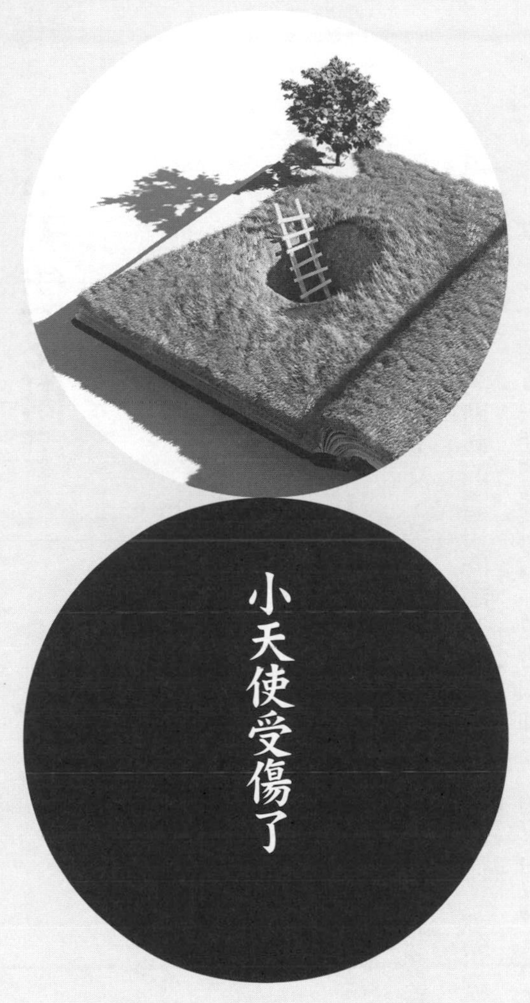

小天使受傷了

小天使受傷了

在資訊爆炸的年代，「閱讀」的內涵及形式，也由傳統的文字，遞延到自然人文、多媒體文化與生活事件，閱讀的廣義更寬廣了。閱讀不再僅止於紙本，若廣義的看待閱讀，解讀一個生活事件，亦可視為閱讀的一部分。

我經常帶領孩子閱讀與討論，也帶領師生、親子對話，這麼多年來，我經常有一種深刻體悟：帶領孩子閱讀文本，和人與人之間的對話，兩者之間有密不可分的關係。這樣說看似不可思議，卻是我實踐的道路。

在闡述這個道理前，先來閱讀一則故事吧！此篇小故事，由我引導的主角亞敏，去解讀她的生命經驗，帶領亞敏重新閱讀事件，也閱讀自己。並藉由分析這則故事背後的脈絡，呈現這本書的精神。

閱讀事件，理解生命

亞敏是國中老師，她被視為最認真、最美麗的老師。

但是，在教學認真與美麗氣質的背後，她卻被憂鬱症與失眠折磨，干擾了她的作息，教學與生活失去動力。

她求助了精神科醫師，也求助心理師，但憂鬱仍然每天籠罩她。她晚上睡不著覺，輾轉反側，造成了隔天教學時精神不濟，這是惡性循環。她不明白，何以如此？曾幾何時，當初被視為認真與美麗的亞敏，如今心灰意懶了，幾度感到倦勤，甚至進入校門都困難，更不想進入教室。

我見到亞敏時，她看上去很疲憊，失眠困擾她一年了，憂鬱症也已經一年了。

我以為她不明白，自己為何會失眠，為何會有憂鬱症，有些人確實不明白自己的狀況。

亞敏搖搖頭，說失眠與憂鬱症的起因，她都明白，說著說著就哭了，「還不都是小涓造成的！」

「小涓是誰？」

「我曾經非常喜歡的學生。」

受傷了……

亞敏娓娓道來師生情感，她對這個小涓多重視呀！

原來，亞敏教學有方，和學生的關係向來良好。已婚的她沒有孩子，將班上學生視如己出，尤其和小涓的關係匪淺，如同母女般親密。

小涓經常找亞敏談心，會摺小紙藝回贈，上頭寫些感性的文字，很貼心的小孩。亞敏打從心裡歡喜，她真心喜歡這群孩子們，真心喜歡教師的工作。

事情的轉折，是颱風來的那天，未達停課標準，但風雨的肆虐仍見威力，狂風掃過大葉欖仁的落葉，彷彿宣告一場風暴的來臨。當天班上進行英語測驗，小涓的分數大幅滑落。亞敏從未見過小涓考這麼低的分數。

發完考卷之後，亞敏特別安慰小涓，勉勵她日後繼續努力就行。小涓紅著眼睛點頭，這一份師生的情感，在風雨中更顯得溫潤。

考卷依校方規定，要給家長簽名，用意是了解學生學習。不料，卻成了亞敏與小涓關係變調的原因。

收回考卷的日期過了，全班的考卷都給家長簽完名了，只剩下小涓的。小涓是單親家庭，母親忙得太晚回家，一直都沒有時間簽名呢！小涓開玩笑說，請亞敏老師代簽吧！她視師如母。

亞敏不可能偽造文書，一份未簽名的試卷就擱著了，但心底很感動小涓的玩笑之詞，說明她們真如母女一般親近呀！

半個月後，小涓的母親到學校，為了辦理獎學金申請，和亞敏聊了孩子的狀況。亞敏分享她與小涓的互動細節，令家長很感念，多次表達謝意。談話接近結束時，亞敏想到什麼，把擱在抽屜裡的考卷，交予母親簽名。任務完成，但是帶來了更大的情緒風暴。

小涓隔天跑來，憤怒的指責亞敏，「請妳簽，不簽就算了，幹麼這麼雞婆！拿給我媽媽簽名。」

亞敏嚇了一跳，怎麼會這樣？向來乖巧的孩子，出言並不客氣，斥責如一把刀，深深的刺進亞敏的胸口，也割裂了師生之間情感。亞敏感到委屈，以討好的語氣解釋，考卷本來就應該請家長簽名呀！

亞敏的解釋，不但沒有獲得小涓的理解，卻招來更多的指責。她的委屈到了臨界點，混合著害怕、憤怒與不安，情緒終於破表了，爆炸成指責的語言，指責小涓太不像話了，怎麼可以這麼不懂事，用惡劣態度跟老師說話，老師哪點有做錯。

情如母女的師生，關係瞬間劇變。現場彷彿有撕裂的聲音，師生情誼被刀切割開來。受指責的小涓索性不說話，沉默到底，她用力絞著褲縫的手指表達了感受。現場氣氛突然安靜，於是無論亞敏怎麼說，小涓都冷漠以對。

受傷的何止小涓，亞敏也是，她何嘗想把氣氛搞砸？一顆心深深被擰痛，從指責的語言，轉為說理的超理智，無奈小涓不領情。最後，亞敏也不說話，原本親密的感情，突然冷漠無比，不只冷漠，往後見面更是尷尬痛苦呀！

亞敏的憂鬱症就是這樣開始的，此後的夜晚都失眠，她翻來覆去想不通怎麼了。

「妳生自己的氣嗎？」

我問亞敏對這件事的感覺。

她不假思索的說：「生氣！」

我又問亞敏，「生誰的氣呢？」

亞敏不假思索的說，「當然生小涓的氣呀！還會生誰的氣呢？」

我將可能生氣的對象，一一攤開來讓亞敏選擇。因為事件發生的始末，可能牽連到旁人，那也會是潛伏的生氣對象，「比如，生其他老師的氣呀！生校長的氣呀！生自己的氣呀！」

亞敏思索著，「好像都有呢！」

我再次核對亞敏，「生誰的氣最多呢？」

亞敏頓了一下，回答：「好像生自己的氣比較多！」

很多人都是這樣子的，當生氣的時候，並不覺察生自己的氣，這是個有趣的現象。

我問亞敏，「生自己什麼氣呀？」

亞敏沮喪的說，「我覺得自己很差勁，連一個學生都帶不好。」

「妳不是很認真嗎？難道不允許自己挫折？遇到挫折就這樣評價自己嗎？」

亞敏點頭表示，當然要這樣批判自己呀！因為自己真的沒有做好。

我問，「對他人會很嚴苛嗎？」

亞敏搖搖頭表示，自己對他人很寬容。

那被嚴格對待的亞敏，該怎麼辦呢？只見她一股情緒上來，悠悠說，「誰叫自己不爭氣呢！」

怎麼會對自己那麼嚴苛呢？我問亞敏，她童年被嚴苛對待嗎？會這樣問，是她的感受可能來自她往日經驗。隨著時間的堆積，生命中的某些重大經驗，不會消失無蹤，反而像記憶的書籤標示在書冊，影響往後的生命感受。

果真，亞敏點點頭，表示的確如此。

我們從受傷中走來

亞敏回憶自己的童年，媽媽總是很嚴厲管教，她常常受到媽媽的指責。亞敏記得，某個大雨的午後，西北雨停了，她帶妹妹到庭院玩水，兩人被泥巴與雨水弄得髒兮兮，童年歡樂，卻被歸家的媽媽一陣毒打。

亞敏提到這一段回憶，眼眶立刻紅了起來。我感受到當年她的委屈。我問亞敏，覺得自己錯了嗎？亞敏立刻點頭表示，自己真的錯了，沒有盡到姊姊的保護責任，也害妹妹被責罵。

類似的事件甚多，她緊接著憶起更小的童年，就必須幫忙做家事。在小學二年級時，有一個場景深深烙印在她腦海，她幫媽媽煎魚，因為身高不夠，踩著一個特製的木箱子，才能讓她搆著煎鍋。

當時電視播放著卡通片，那是動畫《小天使》。小亞敏一邊煎魚，一邊轉頭看電視。《小天使》改編自名著《海蒂》，製作群之一是宮崎駿。這部卡通片主角是一位八歲的小女孩，名叫小蓮，從小父母雙亡。小蓮總是穿紅色的連身裙，紅色就像她的熱情洋溢，勇於助人，也因此常常使自己受傷呢。電視裡的小蓮如此迷人，而現實生活中的小亞敏，卻因為貪看電視，將魚煎焦了，換來媽媽一頓狠狠地責罵……

我問亞敏，「覺得委屈嗎？」

亞敏哭泣，點點頭。

我問亞敏，「心疼當年的自己嗎？」

亞敏竟然搖搖頭。

怎麼不疼惜當年的小亞敏呢？

亞敏哭泣著說，「自己連魚都沒煎好，有什麼值得同情的呢？」

我試著為小亞敏求情，「可是小女孩不是故意的，那麼小就要承擔家事，蹬著木箱子煎魚，難道不應稱讚與憐惜嗎？」

亞敏搖搖頭，但是她的眼淚如春雨暴落。

我想，亞敏對自我好嚴格呀！沒看見自己的努力，沒看見自己的承擔，沒看見小亞敏是小女孩呀！更不接納自己有絲毫的差池。難怪，她內在如此折磨，對自己嚴苛，進而不接納自我，這所導致的情緒折磨，和她如今的憂鬱症，以及失眠狀況，應該很相像吧！

我猜想她應該日夜悔恨吧！活在責怪的迴圈裡。

怎麼會這樣子呢？一個愛孩子的老師，卻不懂得寬容自己、接納自己，更遑論能愛自己了！她不斷地在折磨自己呀！

放過自己吧！

認真的老師是最美麗嗎？我內心深深的嘆息，常常覺得：認真的老師最「自責」。

但是，亞敏很疼愛孩子吶！她靠近愛孩子的心靈，卻不懂得疼愛自己。她母親曾經嚴厲苛責與要求小亞敏，小亞敏會受傷，即使小天使長大了，心中的負面記憶始終未被抹滅。亞敏如此渴望被愛，卻不懂得疼愛自己。

我問了一個假設性的問題，因為亞敏很照顧學生，她不會照顧自己，但有照顧他人的資源：「假如這個八歲的小亞敏，是妳的學生呢？妳會責備她嗎？」

「當然不會呀！」

我挑戰亞敏，口氣略帶嚴厲，「可是，她把魚煎焦了呀！」

亞敏急著辯護，「但是，她很認真呀！」

我雞蛋裡挑骨頭，繼續刻薄，口吻像是偵查庭「有罪推論」的檢察官，「她沒有將媽媽交代的事情做好呀！不是嗎？」

亞敏更努力的辯護了，「她又不是故意的……」

我進一步控訴，「可是她一邊煎魚，一邊看《小天使》吶！」

亞敏的委屈爆炸了，嘶吼著：「阿建老師！你太殘忍了！她只有國小二年級呀！」

我淡定地問，「我，有很殘忍嗎？」

亞敏劇烈的哭泣，說：「有！你很殘忍，你很殘忍……」

我看著哭泣的亞敏，靜靜看著她的委屈，看著她的痛楚，她是那麼渴望被看見呀！那麼渴望被愛呢……

忽然，亞敏醒過來似，聲嘶力竭的說，「阿建老師，我明白了……」

她明白什麼？我等著她回應，等待……

過了好久，亞敏才又說，「……我對自己太殘忍了……」

等待是值得的，能體驗到這句話真不容易呀！同時我的腦海也浮起一個動人的畫面：亞敏回過頭，穿過時間長廊，走過千千萬萬個角落，她伸出手，願意去扶起那唯一角落裡孤單很久的小亞敏了，她知道她一直在那兒……

亞敏終於覺察，最後願意接納了。我引導她接觸自我生命力。她數十年來委屈了自己，被自我隱隱的忽略、遺棄了，甚至不自覺的暗暗批判，生命的力量被壓抑了而不自知，如今有了改變的契機。

天底下認真的老師，還有認真的父母，應該做以下的功課：**認真愛自己、接納自己、不批判自己、關注自己內心的受傷**。當意識到自己受傷了，有了自責之際，先深呼吸一口氣，對自己說些愛的語言、欣賞自己的語言吧！別對自己太苛求。當自己對自己的關愛多一些，面對不滿足的期待，會漸漸的寬鬆以對，教育才會在善美的循環中運行。

我將上述的功課，當日也給了亞敏，邀請她練習給自己愛，給自己多一點接納，給自己多一點允許。亞敏是認真的老師，隔天分享自己的練習，夜裡竟然比較早眠了。

至於她和小涓的關係，當亞敏和自己和解之後，對小涓的憤怒減少許多，後續的對話我就不再呈現了。

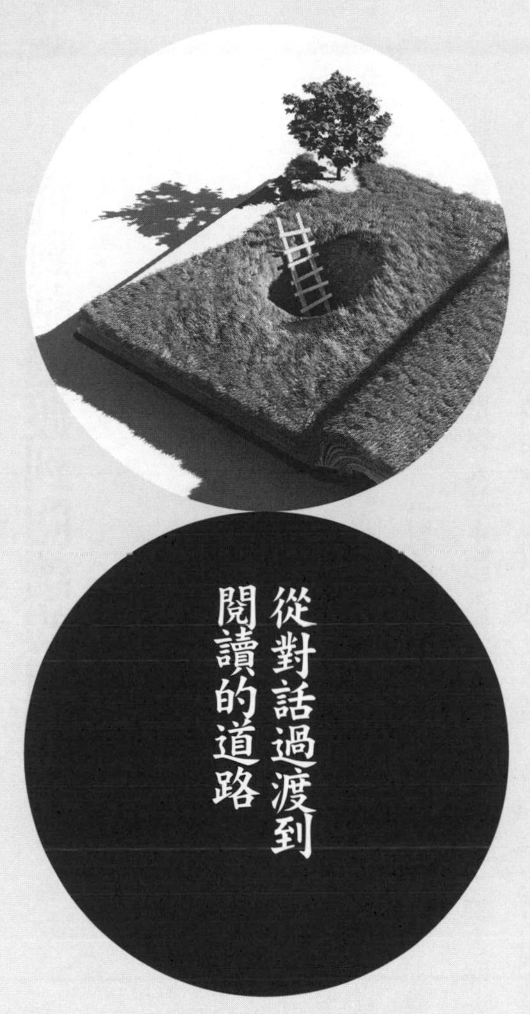

從對話過渡到閱讀的道路

從對話過渡到閱讀的道路

在本章節裡，我嘗試說明，從對話過渡到閱讀，兩者之間的微妙關係，以及如何引動深刻的體驗性。《對話的力量》與《閱讀深動力》二書，是連袂相關的著作，其共通處都是以人為主體，對話是串連的工具，讓人與人之間冒出深刻的火花。生活是以人為主體，閱讀也是以書寫人為主，或者以人為閱讀主體；生活與閱讀的引導，都是以人為主的互動，人成為文本的主角。

亞敏在〈小天使受傷了〉說了一段故事，這段故事我視為「文本」。亞敏用她習慣的方式，以慣性的思維邏輯，解讀與小涓的衝突。讀者不妨一起思索，認真的教師被小涓如此應對，你身為閱讀者，你會如何引導亞敏解讀。

廣義的、多面向的「閱讀」發生

台灣俗諺「一種米養百種人」，指每個人的思想與行為各有不同。人的獨特性如何孕育，導致有不同思考、不同個性、不同處事行為。這形成原因，除了每個人與生俱來的基因，更來自每個人成長的脈絡，受原生家庭、環境與教育的影響，使人在緩慢的成長過程，內建一種彷彿「後天ＤＮＡ」的密碼，每個人與外界的應對便有所不同。

這套後天密碼系統，影響人的思維、感官與行為，讓人產生反射動作。因此有人喜歡注意植物，有些人注意櫥窗衣物，有人對某種事物反感，除了基因遺傳之外，「後天ＤＮＡ」的密碼也是關鍵。當受到他人行為或語言刺激，有些人會做出這樣反應，有些人會那樣反應，也深受後天系統影響。這套「後天ＤＮＡ」的密碼，決定了一個人對世界的理解、姿態、思維與定見。這也說明人的靈魂多麼獨特，如同森林裡的同種樹木，樹幹的姿態並不相同，即使同株落地的樹葉，也沒有全然相同形狀。每個生命獨特，全都值得崇敬。

亞敏遭遇的事件是個「文本」，從她「後天DNA」的密碼形塑，有了一連串的應對，包括她後續的憂鬱失眠。「文本」創造出來後，旁人也會產生解讀，包括亞敏自己的解讀。亞敏既是此「文本」的創作者，又是「文本」的解讀者，一直在這迴路系統纏繞，甚難跳出來為自己澄清一條路。

亞敏的朋友們，在接觸「文本」之後，也有所解讀與引導，啟動的都是他們的「後天DNA」密碼，想帶領亞敏走出此「文本」。

A朋友關心亞敏，知道事情始末之後，覺得她不應陷溺，安慰說：「妳做得很好了，不用太難過，不要跟學生計較，趕緊振作起來。」若是亞敏與小涓的事件是一個閱讀文本，朋友A直接給予答案，也就是正向鼓勵與肯定。看似答案，卻無法引導亞敏重新、有力量的解讀「文本」。

朋友B說，不如讓自己放個假吧！好好休息一下。這是轉移目標的方式，並未引導亞敏重新詮釋「文本」。亞敏即使很想抽離「文本」，卻很難做到不被影響。

朋友C沒有對亞敏多安慰，而是給她深深擁抱，傳遞好友的關懷與愛。對於這個擁抱，亞敏很誠實的回應：「沒有太多感受。」朋友C得知了以後，自己心裡受到了小傷害。

這傷害來自C的思維密碼給C的回應，因為每個事件，都能啟動一套詮釋系統，也就是啟動內在的密碼。

亞敏對自己的回應，啟動一路養成的「後天ＤＮＡ」，使她深陷「文本」之中，或者心理學家比喻的「陷入自己的劇本」，她就是無法展開新視野解讀。

Ａ、Ｂ、Ｃ三人對亞敏的回應，也都與自身經驗有關，亦即「後天ＤＮＡ」影響。過去在閱讀領域的引領者，正如同Ａ、Ｂ、Ｃ三人相同，給予一個道理、給予建議，或者贊同罷了，未懂得開發更深闊的視野。

亞敏若是閱讀課的學生，我該如何引導亞敏閱讀討論，解讀自己創造的「文本」呢？不同的對話帶領者，會帶出不同的圖像，碰撞出不同的火花，正如同Ａ、Ｂ、Ｃ三人，各自以不同的方式引導。如果是三十歲的我，憑「後天ＤＮＡ」的框架堅固，可能像朋友Ａ給亞敏回應。但是我學習薩提爾模式之後，解除了「後天ＤＮＡ」舊系統框架，並不急著說服亞敏改變，而是不斷帶領亞敏探索內在，懂得以好奇與體驗性對話，一步步解讀她的「文本」。

我聆聽亞敏的陳述，專注閱讀「文本」始末，讓她重新閱讀與體驗。我首先探索亞敏，好奇「文本」對她的衝擊。讀者可以從文本敘述，閱讀事件的發生，也閱讀亞敏受到的衝擊。我持續探索亞敏的內在，有什麼樣的感覺。

因此，文本、亞敏與我，交織成對話現場，我是閱讀帶領的人。

《對話的力量》是談對話的書，以生活為主軸。本書《閱讀深動力》則以閱讀為主，透過對話的引導，啟發思考、理解，還有「體驗性」。體驗性需要通過感官，但是當代談論閱讀，大多著墨在理解，或者思維的辯證，甚少在體驗性上著墨，或將體驗窄化成感動、難過、憤怒等瞬間的經驗性，而不是在體驗性裡停頓、分辨，甚至在體驗上進行思維，殊不知每個體驗的當下，思維都各有其脈絡。

我在亞敏的生氣上對話，在經驗裡停頓探索，這是體驗性的引導。

當亞敏提及自己「生氣」，對話如何發展呢？我繼續帶領她探索、理解，閱讀自己，因為解讀文本的同時，內在也同時經歷了發生，每個內在的發生都與文本交織，可能產生更豐富的解讀，在每個體驗性停頓，都有更細緻與豐富的圖像。我將此運用在日常對話，也運用於帶領閱讀。

我詢問她，生誰的氣。一般人的生氣，知道自己在生氣。但是她並未有能力細緻辨認生氣的對象，因為思考上的慣性思維，常會掉入可憐、委屈與抱怨的循環，並陷入自己的「後天DNA」迴路。從亞敏的回答可見，她頭腦即時的解讀，理所當然生小涓的氣，**當我羅列生氣的對象，她對自己生氣的解讀，有了新一層的覺察，發現生自己的氣最多。**

上述的對話過程，從解讀一個「文本」，到解讀事件對亞敏自我的衝擊，有其細膩，但有常被外人忽略的部分。這部分一如閱讀帶領者，如何引導孩子閱讀文本？也閱讀著自己的發生？這種體驗性閱讀，在此書的示範引導中，會有深入探討與呈現。

亞敏生自己的氣，這是「經驗了事件」，或者重新「閱讀了文本」融入自己的經驗感知，再次進入閱讀自己的「文本」，亞敏是個閱讀者，更是重新誕生的詮釋者。閱讀者的意思是瀏覽一本書，腦海有較淺的思索與反芻，而詮釋者是對書本有更深刻的了解、整理與體悟。我帶領閱讀者亞敏，探索與閱讀自己，這是閱讀狀態的開展，並且從閱讀者，轉化為深度的詮釋者，這是一條迥異於以往的路徑，繞過她「後天DNA」的舊迴路，使亞敏的內在發生變化。但是過往「解讀文本」，閱讀者常以思維框架文本，忽略內在感受與思維間的關係，甚難掙脫出「後天DNA」的系統。

換個方式來講，我帶領亞敏的對話，呈現兩個立體的面向：「文本」與「閱讀者亞敏」。亞敏在閱讀「文本」時，我則對「閱讀者亞敏」進行了探索，引導亞敏對閱讀的理解，因為內在的發生，所產生的詮釋，影響了亞敏的行為，亦即引起了亞敏的憂鬱症與失眠。

閱讀與詮釋之間

閱讀一個事件、解讀一個文本，無論是否發表看法，都可能成為一個詮釋者。我們的思維不停運轉，身體感官也不斷運作，詮釋者與閱讀者，在閱讀進行的時刻，就密不可分了。過去以思考至上的思維，閱讀者的體驗常被忽略，直接以思辨框架閱讀，不知感官與思辨的關係，需要深入感官探索，甚至在感官上停頓，方能產生體驗性。這個觀點說來複雜，擺在此處只能略談一二，不能像是學術論文般細究，僅舉以下的簡單例子說明。

我曾對大學教授演講，提及在多元的年代，多元觀點如何產生，教師帶領學生閱讀與討論，是否真能允許多元觀點？會中我舉出當年的熱門新聞，台灣某位抗議學生，拿起鞋子丟總統事件。我的問題是：若教授與同學的觀點不同，多元對話是否還能發生？

有位M教授舉手，並未回答我的提問，而是激動的發表言論，論述人民有抗暴的權利，對於一個顢頇無能、壓迫人民的政府，每個人民都可以反抗。台下有人蠢蠢欲動，有人私語「不爽就可以反抗，都什麼時代了？」想要與M教授辯論，看起來也神情激動。每個人應對的姿態不同，也許都是「後天DNA」的啟動。

在過去的經驗裡，觀點並非著重在分享，而是二元對立的爭論。

我請眾教授稍安勿躁，我想與M教授進行對話。

學生向總統丟鞋子抗議，這是一個「文本」。人們閱讀這文本，產生不同的解讀，但是我們甚少探索的是，在閱讀者與詮釋者之間，什麼主宰了我的觀點？影響了我對事件的看法，進而產生一連串反應。這得要從「後天DNA」的產生探索，重新探索與重構框架，這也如亞敏看小涓的事件，我帶領亞敏重新探索她的「後天DNA」，讓她自由決定自己的框架。

不同觀點的雙方，如何對話呢？我們美其名是討論，卻可能是爭論，因為忽略內在的發生。我們用既定思維形成的觀點，亟欲對話，有可能仍是進入「後天DNA」框架內的討論或爭論，也就為何M教授說出一個「文本」，馬上會有人附議或異議。如果在教室產生這樣的「文本」，教師要如何主持？要有怎樣的能力主持？促使多元的觀點進行對話？這是大哉問。

我邀請M教授與我進行一場對話，核對M教授的說法，關於M提到壓迫的問題。我將對話轉成探索，探索閱讀者與詮釋者之間的發生為何，亦即探索「後天DNA」的框架。

我詢問M，是否有被壓迫的經驗。

M教授大方的點頭。

我邀請M教授是否可以分享，談一些過去受壓迫的經驗。M教授也很開放的分享了一段。我在M分享的受迫經驗中，核對M教授的感官體驗，M教授當場紅了眼眶，這是進入體驗性的提問。我再問當年受迫的事件，對他往後產生何種影響。

M一邊侃侃而談，一邊點點頭告訴我，「我知道你的意思了。」

事後M寫了一張紙條給我，感謝課堂簡短的對話。

閱讀者與詮釋者，中間聯繫的祕密管道是什麼?常是我帶領閱讀的重要路徑，如何跨越舊框架，展開更新的思維與體驗，是我在閱讀課程中的重點。在本書中可以看見，當我帶領文本討論，常常進入生命經驗，再轉換進入觀點，打開閱讀者與詮釋者之間的渠道，使討論的空間更豐富。

透過閱讀文本對話，彼此碰撞出新的火花，在思維與感受上交流。一般認為感受太過個人，其實思維何嘗不是如此。而思維密碼的路徑如何形成?應該都有脈絡可循：**過去的傷害、成功、痛苦與挫折經驗，或者從小被教導的觀念、規條與決定，影響著思維的發展，形成思維的路徑，這就是「後天DNA」框架的形成。**

不同的人閱讀文本，會在不同橋段流淚、生氣、焦慮。有人閱讀後會有這樣的感受，某些人會有那樣的感受，彼此形成的思維與應對也不同，都是內建的「後天

ＤＮＡ」所為，閱讀的討論應深入於此。

從文本而來的衝擊探索

回到亞敏的故事。

當對話帶至「亞敏對自己生氣」，她開始覺知這份生氣。再順著這個脈絡探索，我在觀點上挑戰，挑戰她解讀自己如何「很差勁」：她是認真的老師，只因為在師生關係中受挫折，就對自己評價「很差勁」。我好奇的問：「妳不是很認真嗎？難道不允許自己挫折嗎？」

我詢問亞敏的問題，是我討論脈絡的展現。甚多人好奇我的提問，要如何才能擁有更寬的視野，帶出更豐富的討論？

帶領討論是經驗累積，也是真誠探索自己的過程。帶領者愈真誠的探索自己，不被標準答案侷限，就愈能跳脫思維的框架。什麼是標準答案呢？當思維出現了絕對的否定、肯定或者既定的想法，就值得人們探索下去。

討論文本沒有固定答案，我與亞敏的對話，還可以發展更多的討論，我將有趣的一些探索羅列於下：

● 遭遇挫折就是差勁嗎？
● 亞敏曾經挫折過嗎？挫折的時候，曾被責備嗎？
● 人是否可以遭遇挫折呢？亞敏如何看待挫折？亞敏可以挫折嗎？若是亞敏可以挫折，那麼亞敏遇到挫折時，是用何觀點評價自己呢？
● 亞敏認為「挫折」就是「差勁」，這個觀點怎麼形成的？
● 面對挫折的人，亞敏都是「指責」以對嗎？
● 亞敏看重「認真的人」，還是「表現好的人」？
● 亞敏期待自己如何面對挫折呢？
● 亞敏要重新審視觀點嗎？這個觀點是否適用自己呢？
● 亞敏如何看待一個認真的人呢？
● 亞敏在關係上遇到挫折，和小涓的關係變了調，以往亞敏有這樣的經驗嗎？

亞敏遇到了小涓的事件，對話若能帶到這裡，會是深刻的閱讀引導。

上述觀點的提問，都是帶領閱讀思辨時，不可忽視的，可能藉此展開了新視野。這些提問帶來的衝擊，往往令閱讀者困惑，乃因衝擊了人的思維密碼，也就是「後天ＤＮＡ」框架。亞敏在思維上，允許一個人挫折，也看重認真的人，但是卻對認真的自己批判，這些矛盾被提出來，若是進一步往下探索，將有機會重新框架思維，進而重新決定人的行動，更懂得為自己負責，帶來更美好的和諧。

我並未在「挫折、認真與批判」的議題上，帶出更寬闊的討論，若是進行閱讀的對話，也許會在這些議題討論。我要進行的是個人成長，因此要從一個議題進入更深的探索，這些都是帶領閱讀的路徑。不同層次的對話，探索、挑戰、陳述與核對，都會創造新的感知，或者出現新的視野；對話者以連結人的生命力為目的，就能開展人的寬闊與深邃，那是閱讀引導最迷人之處。

在亞敏內在的探索，新的文本出現了，原來生命的主旋律，打從小時候就形塑了，正如同前述的M教授，因此我從一個文本，跳到另一個文本討論，亦即從此刻的事件，帶入童年的事件進行討論。

我重新框架了亞敏的視角，讓她體驗了童年的痛，也透過亞敏的資源，以不斷轉換視角的方式，看待童年的亞敏，讓她體驗了亞敏的珍貴，體驗了對亞敏的愛，藉此重新做出決定。此一觀點的轉化，將有助於她原先框架的解構，不再受苦於自責之中，進一步也許解除憂鬱與失眠的困境。

我將生活中的事件，諸如孩子打電腦、不寫功課、偏差行為等等，都視為閱讀文本。與孩子討論這些狀況，正如同帶領孩子閱讀文本，並且進行文本的討論，因此從生活對話，到引導閱讀的脈絡，自有其相關的脈絡。

我與人之間的對話，常以事件為分享、探索、開展的起點，引導閱讀的對話亦然，只是將事件轉換成了閱讀文本。這些對話的脈絡，落實於文本閱讀與討論，常展開美麗的風景，這是從薩提爾模式轉化而來。

二〇一〇年全球薩提爾年會，在香港舉辦，我受邀發表：「薩提爾模式運用於教育、閱讀與寫作」，這是較新的議題，當時我已經在此實踐多年，時至今日我又有更多的體悟，本書便是薩提爾模式的閱讀實踐。本書中有個人見解，並融入多項技巧，以實例操作，俾使讀者有更多的認識。

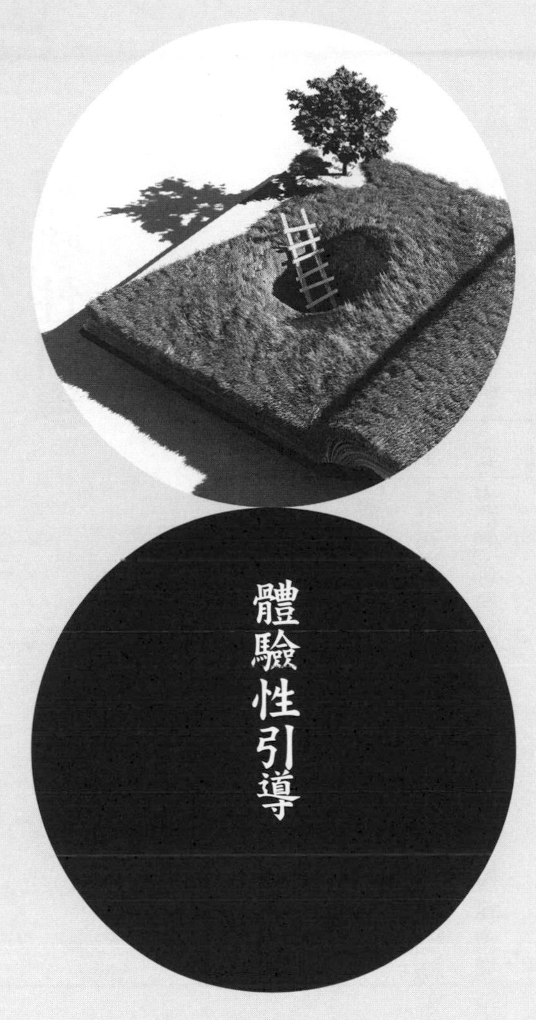

體驗性引導

體驗性引導

在此做一個假設，請讀者觀察這三種孩子的行為：

甲、乙、丙三人偷了東西。校方掌握證據之後，召開校務會議討論，決定給三人改過自新的機會，要是他們真有悔意，既往不咎。校務會議結束後，三人分別走進會場，表現他們的內疚。

甲走到教師面前，樣子吊兒郎當，一副滿不在乎的神情，對著教師說：「我知道錯了！我以後不會再犯了。」

接著，乙走到教師面前，很恭敬的鞠個躬，非常有禮貌的說：「老師，對不起，我做錯了，下次一定不會再犯了！請你們相信我。」

最後是丙，他進來辦公室就哭了，哭得非常傷心，斷斷續續的說著：「……老師對不起……我太貪心了……想要……擁有那個東西……對不起，我知道錯了……我下次不會再犯了。」

上述三人分別站在你面前認錯，你會傾向相信哪一位？

樣子吊兒郎當的甲，大概不會有人選擇。

樣貌恭敬有禮的乙，應該會有人相信他，但是比例可能不會百分之百。

哭得非常傷心的丙，可能會贏得比較多人的相信。

假設你選擇的是「丙」，請試著想想你的理由，相信多半的理由是：「他看起來比較真誠，說的話比較可信。」

依我的判讀，甲是虛應一番；乙則是很禮貌，但是否會「言不由衷」？讓人看不出來情感的虛實；丙則是讓人看見了「真誠」的悔意。

「言語由衷」，這句話如何解讀，又有何重要性呢？我以為「言語由衷」就是情感「及於內在」，內在與行為一致性，非僅止於頭腦上的理解、答應，在心理學被視為「體驗性」，是人改變最重要的要素。

比如一個人常常生氣，動不動摔東西。親人勸戒他不要生氣，不要亂摔東西。

他雖然承諾下次不會再摔東西了，但是脾氣上身，總是動不動就爆炸了。要如何讓生氣的人，「由衷」改掉摔東西的脾氣呢？如果從體驗性的連結，較能緩解他摔東西的習慣。

從薩提爾模式的脈絡探索，一個常生氣的人，往往是童年被生氣對待，可能有人對他摔東西。或者他成長過程中，被寵著長大，無法接受失落的狀況，一旦他生氣了，周圍的人便急著討好，填滿他的期待；他便以摔東西表達憤怒，控制周遭討好的人。

因此要改變一個人生氣摔東西，**要幫助此人體驗到「童年被生氣對待的自己」，或者體驗「真正失落的自己」，從這些痛苦的體驗中，體驗到自己成長的努力，懂得對自己擁有接納與愛**，據此再落實到現實處境，此人的生氣就能解除或減少了。

因此薩提爾模式常強調，體驗性是人改變的重要部分。

體驗性與思考不同，是及於內在的感受，不僅止於頭腦上的思辨。因此對話的時候，我注重體驗性對話，能讓人透過對話的體驗，覺察與落實自己改變的契機。體驗性對話的關鍵，在於如何在感受上停頓，並且在這時候進行探索與體驗，往往使人有更深的體驗。

我在上一篇〈從對話過渡到閱讀的道路〉中，提及在生活事件、閱讀進行之際，人的內在都浮現無數細微的感受，那裡隱藏著生存與成長的路，也隱藏著詮釋的祕密。這些感受若不是被忽略，就是任感受在體內一閃而逝，不懂得對感受進行探索，放棄了打開寬闊思維的門，放棄了通往成長的祕徑。因此談閱讀引導，我十分重視體驗性，一旦開啟就是文學美學與生命教育並置的路徑，而不是盤旋在思維層次。可惜的是閱讀的體驗性，甚少被人提及如何落實？有時被誤解為感動、受傷，或者情緒化，而失去更豐盛的寶藏。

和善的撒馬利亞人

《新約聖經》的〈路加福音〉講述一段故事，描述一位旅人遭人搶劫，又遭受惡人的攻擊，因此受傷了，在耶路撒冷通往耶律哥的路途上潦倒。沒有人願意幫助旅人，即使是受景仰的牧師，或者利未人（以色列人之中特別揀選出來服侍神的人，是特別蒙福的人）經過了，都對潦倒的旅人視而不見，不但沒有停下腳步來，反而繞道而行。

只有一位路人幫助旅人，他竟是最受歧視的撒馬利亞人，走上去為旅人包紮傷口，帶旅人到旅店去休養。

這個故事廣為人知。

普林斯頓大學的心理學家，決定借用這段聖經故事，從事實驗。心理學家佯裝成教授，會晤一群神學院學生，要求學生針對《聖經》的特定主題，準備一段簡短的演講稿，接著請他們轉移到附近的大樓講道。心理學家的實驗是趁學生前往大樓講道的途中，安排一位倒地者。這位倒地者彎著頭，眼睛緊閉，體態潦倒，躺在地上痛苦呻吟，如同《聖經》中描寫的痛苦旅人。實驗的目的，是看看學生是否會伸出援手。

心理學家在實驗中，加入了幾個不同的條件，藉此觀察實驗的結果是否不同。比如在實驗之前，要神學院學生填寫問卷，說明他們為什麼學習神學，宗教的意義是個人？還是具有更高超的情懷？

心理學家在問卷之後，給予學生不同的問題，以及稍後的短講題目。有些學生被分配到講解「和善的撒馬利亞人」這節經文——耶穌藉此鼓勵信徒助人——目的跟實驗情境更貼合。

在學生出發講道之前，心理學家給每位學生不同指令：

「你已經遲到了，演講幾分鐘前就應該開始了，趕快去吧！」

或「演講再幾分鐘後才開始，你現在可以慢慢走過去了。」

這些神學院的學生，是否會成為現代「和善的撒馬利亞人」？

這些學生剛針對《聖經》特定主題，進行了「閱讀與理解」，安排了一段講稿「闡述」，甚至有些神學院學生，事先閱讀了「和善的撒馬利亞人」，這安排使實驗更靠近《聖經》描述的氛圍。

你的答案會是什麼呢？一般人認為將來要服務世人的神學院學生，應該都會停下來幫助痛苦的人。而那些剛閱讀「和善的撒馬利亞人」，更應該發揮「人溺己溺」的精神吧！

心理學家的實驗，公布的結果令人詫異：神學院的學生，與一般人並無不同，並未對痛苦的人加以關心。而剛剛閱讀「和善的撒馬利亞人」的學生呢？也可能一樣漠不關心。心理學家指出：「甚至還有一位準備講解經文的學生，竟然跨過那位不幸的人。」

什麼是影響學生停下來的關鍵呢？

「你已經遲到了，演講幾分鐘前就應該開始了，趕快去吧！」被如此告知的學生，停下來協助痛苦的人比例約為百分之十。

「演講再幾分鐘後才開始，你現在可以慢慢走過去了。」被如此告知的學生，停下來協助痛苦的人比例約為百分之六十三。

這份實驗的結論，指向周遭環境，比信仰及思想更能影響人。當人面臨「你已經遲到了」，面對環境壓迫，讓人對苦難視而不見。

在這份研究之中，我想提出來的是「體驗性」。那些面臨「已經遲到了」的人，體驗到了遲到的急迫，因此對周遭視而不見，或是袖手旁觀。這些人沉浸在「遲到」的強烈體驗中，對世界的關注減少了。

我做一個假設，假設在這些學生實驗之前，閱讀「和善的撒馬利亞人」，並且進行體驗性的討論，我臆測這實驗結果會與心理學家的結論大不相同。可惜的是我並未看見「體驗性」與閱讀之間，有人進行討論與研究。

閱讀之中的體驗性討論，該如何進行呢？

以下我舉幾個例子，如何進行閱讀的體驗性，如何進行「討論」，以及如何進行「提問」，俾使體驗性進入，讓閱讀更深入人心。

從故事裡體驗

十二歲的小宣甚可愛，心地非常善良，父母親都是法官，藉此教導小宣要誠實。

班上在進行閱讀課時，選了一個關於犯錯的故事。在進入故事之前，我帶領大家討論「犯錯經驗」，進行引導。理所當然，大家都曾經犯錯，但是犯錯了是否能誠實以對呢？學生們表達不同想法，會看場合迴避或面對。

只有小宣舉手，說自己都會誠實以對。

我很好奇她的誠實，是否與爸媽是法官有關。小宣卻頻頻說：「無關！因為犯錯不誠實，心裡會承受壓力，誠實會讓人輕鬆。」

我繼續問小宣：「所以妳如果犯錯了，會誠實以對，是嗎？」

小宣點點頭，表示自己確實如此。

我開始說故事了，故事的主角也是十二歲。主角有一次到朋友家，趁朋友臨時跑出去買東西時，發現他家有個咕咕鐘，心想怎麼會有一隻鳥報時，卻不小心將鳥拽下來了。當時的故事呈現很生動，孩子跌入情境裡了，獲得了臨場的體驗感。

咕咕鐘是個古董，價錢約有十萬元。我詢問班上的孩子，若主角是在座的「自己」，卻犯了無心的錯，會不會誠實說明呢？

所有的孩子都不想誠實。

我感謝他們誠實的回應之外，也請他們說說看法，為何不想誠實以對。

至於小宣呢？她剛剛說自己一定會誠實，當我蹲下身子，問小宣：「如果是妳呢？妳會誠實嗎？」

小宣臉上閃過一抹遲疑，呈現為難的表情。我感到她有一股焦慮感，似乎正猶豫著該怎麼辦。

課前的引導時，小宣說自己一定會誠實，但是此刻進入故事，她卻顯得焦慮晃動，此刻正是她體驗了「犯錯」，該如何應對才好。這說明了之前對「犯錯經驗」議題的回應時，小宣回答的「誠實以對」是停留在腦袋的思索層次，唯有進入體驗性時，她更深層的感受才被觸動。

小宣沒有回答我。我停頓十秒，和諧的等待，再次詢問她怎麼辦。小宣終於說話了：「我不會承認的。」

我問小宣：「那妳會拿咕咕鳥怎麼辦？」

小宣焦慮的說：「我會把咕咕鳥丟掉，當作沒這件事發生。」

我問小宣：「可是，妳不是說要誠實嗎？」

小宣很為難的說：「這件事太嚴重了。」

我繼續進逼小宣：「但是道德的良知，會讓妳喘不過氣來吧？」

小宣仍舊搖搖頭說，「這件事真的太嚴重了！我不能承認犯錯！」

小宣在課前引導時，回應我的誠實觀點，是透過「理性」回應。然而浸潤在故事的氣氛後，我透過故事的角色，讓小宣體驗了「犯錯」的處境，她對於文本的閱讀理解，就有更深刻的認識。

類似以故事帶入體驗，讓孩子感知自己，帶出更深刻的感受與認識，我稱之為閱讀的體驗。這樣的閱讀體驗，我在本書〈小偷〉一文，有完整的引導。將孩子引導進入故事，幫助他們體驗角色的處境，並且以停頓的方式，緩緩詢問孩子的選擇，會讓孩子深刻體驗。

類似的引導，我運用在各類型的故事，比如余華〈我沒有自己的名字〉、莫言〈懷抱鮮花的女孩〉、甘耀明《喪禮上的故事》等等。除此之外，我也運用在古典文學，比如歐陽修的〈賣油翁〉，我在課文辭意的討論上，除了釋放標準答案「技藝透過反覆練習，以臻至完美境界」以符合測驗要求，更花了不少時間在進行體驗性的對話，請學生扮演了射箭者與賣油翁，再藉由薩提爾的冰山模式分析，請同學分享類似的經驗，增加課程的深刻性與體驗性。

西方文學也是我常使用的文本。我曾以希臘悲劇〈伊底帕斯王〉為例，引導學生討論與體驗：當你是國王，聽見準確的神諭，剛出生的小嬰兒將來會弒父娶母，也就是「會殺了你，娶了你的媽媽，你會怎麼辦？」或是換個性別角度對女孩子說：「會殺了妳，嫁給妳老公，妳會怎麼辦？」

從不同角色的位置思考也行，當伊底帕斯長大後，不知道自己被收養，因緣際會下得知神諭：「你將來會殺掉父親，娶自己的媽媽！」我藉此問學生：「你得知這樣的神諭，會怎麼做？」

孩子們的抉擇，除了充滿創意之外，也混合著他們的體驗。不少孩子的身體當場焦慮晃動，彷彿是他們親臨的處境。教師以故事為基礎的問話，需要更專注一致，使提問貼合故事情狀，孩子的體驗感有助於他們進入文本，帶出更多思維與同理，文本將交織自己的生命。

不只這種文學經典，連孩童喜歡的漫畫或流行小說，都能引導他們更深入體驗。我曾在《麥田裡的老師》一書，提及我以《死亡筆記本》為作文題目，以小說的重要橋段，帶領學生進入體驗性。

《死亡筆記本》是日本的流行電影與漫畫，橋段是「死亡筆記本」——這是有如死神般功能的筆記本，凡是持有者只要知道對方的姓名及長相，就能利用筆記本殺死對方。我在講課之前，詢問孩子們若擁有「死亡筆記本」，誰會想要使用它。大約八成的孩子都舉手回應。他們想殺的對象，排第一名是同學，第二名是老師。

我很好奇，他們殺同學的原因，為何這麼想除掉對方？孩子的理由不外乎同學很吵鬧、不守秩序。

也有孩子和好友反目，想要殺掉好友或兄弟的。

我借題發揮，詢問他們：假使跟親友吵架，有真想讓對方去死的經驗嗎？孩子紛紛表態說有。我再問他們，是否有吵架之後，過一陣子又和好的經驗呢？孩子也紛紛附和說有。

我追究下去，再問孩子，若是當時使用「死亡筆記本」，那和好的機會沒有了，他們怎麼看待趁情緒上身、立刻使用「死亡筆記本」的狀況呢？不少孩子有了深思，思慮在此徘徊甚久。

當課堂開放討論，孩子有權利大膽討論，也就釋放了自己真實的想法，以及更貼近擬真的處境狀況。鬆軟氣氛的討論，有助於大家丟出想法。但是，這樣的討論不是漫無目的，教師得導向更深刻的思索。美國作家蘇珊・桑塔格在《旁觀他人之痛苦》，就以氾濫的影像與照片所傳遞的死亡畫面，探討人們的感受，為何看了之後愈來愈麻木。想想看，我們觀看中東的汽車炸彈新聞，或地中海的難民翻船畫面，面對死亡數據，面對沙灘男孩的屍體，我們在心中留下瞬間的憐惜之後，過不久還留下什麼。更何況的是，孩子見到好萊塢電影的大量工具人死亡畫面，或網路電玩裡隨意的舉槍殺人，很容易將死亡流於娛樂趣味。

怎麼辦才能導正孩子呢？若只是跟孩子「曉以大義」，孩子聽多了這些道理，往往是不會改變的。尤其他們曾經體驗那份痛苦、困境與無助感，興起的念頭要人去死，大人說道理只是聊備一格，不能讓他們擁有更寬的視野，也沒有更細緻的人文思考。

體驗性可以啟動人的良善感知，比說教更容易打動人，因為深刻動人的事物，不是以道理打動人心。

我繼續跟孩子們討論，討論他們如何看待自己。我提問：「你們雖然會使用《死亡筆記本》，但你們是心地善良，還是心地邪惡呢？」

大多數的孩子都說，「我覺得自己心地善良！」

為什麼他們如此回應呢？因為他們自認在行使正義，讓那些「可恨」的角色消失，是理所當然的正義。

「其實你們心地善良，想要行使正義，讓世界更美好。」當我這樣說，好多孩子都同意地點點頭。

我喜歡說故事，以此為橋梁，帶領孩子過渡到故事中。《死亡筆記本》這一課，我即席編了一個故事，藉此衝撞他們行使正義的想法，加強體驗性。這故事是這樣的：

那是一個細雨的冬天，冬夜的雨下得無邊無際，你剛使用「死亡筆記本」，處死了班上最糟糕的一位同學。

但你的心靈有一種特殊的感覺，並不感到快樂，也不是悲傷，而是充滿一種奇怪的疏離感，很特別的一種感覺，你們能明白那種感覺嗎？

（大部分的孩子，竟然點頭同意那種感覺。這真是個特別的體驗，因為沒有人曾有這種經驗，而這樣的經驗竟能想像出來。）

你還是善良的，即使用了《死亡筆記本》，你只是行使正義而已。

那天同學都走了，只剩下你最後離開教室，在校園晃蕩到夜色低垂，晃蕩到冷雨逼人，你才想要回家了。

夜雨漸次下大了，淋溼你的衣衫，淋溼你的心靈，這無邊的雨夜呀！將你淋溼了。你腋下夾著「死亡筆記本」，深怕被雨水浸溼，於是你走入廊簷下避雨，看著無邊的雨落下來。

雨穿越了夜的路燈，落在潮溼的地面，有一種淒迷縹緲的迷離感，你卻發現一個缺了手、斷了腳的老伯伯，正在雨夜的路燈下拾荒。

善良的你興起了感嘆，因為你能處罰壞人，卻不能幫助這些貧苦的人們，而你是善良的，心裡的感想特別深。

那個老伯伯拾起寶特瓶，卻一個不小心掉了，空洞的聲音迴盪在巷弄，迴盪在你的耳際，眼見老人又彎下腰，艱難地想撿拾……

請問各位同學，你們會幫助這老伯伯嗎？幫助他撿起寶特瓶？

（當我一個一個問孩子，幾乎每一位孩子都點頭，表示自己會幫助殘疾老人。）

謝謝你們的善良，因為你有惻隱之心，被這個老人打動了，不顧冷冷的夜雨，走到燈下幫老人拾起瓶子。當你面對老伯伯時，才發現他顏面傷殘。雨水順著老人的皺紋滑落，讓你心靈震顫，為何這老人會如此可憐？

老伯伯在雨夜中，不停地向你點頭道謝。你不禁問老人，「你沒有家人嗎？怎麼在冰冷的雨夜拾荒？」

老人眼神感激，嘴角困難的抖動著，艱難地告訴你，「有，我有家人，我老婆在後面！」

你回頭往後看，看見一個坐著輪椅的老婆婆，也是缺了手，斷了腳，顏面傷殘，拚命向你點頭道謝。

你看見此情此景，感覺更難過了，「難道你們都沒有親人了嗎？在這樣的雨夜還要工作？」

老人眼眶紅了，和老婆婆相視，更艱難地吐露，「我們唯一的兒子，只有十二歲而已，昨天竟然死了……」

這時你才發現，他們的兒子，正是被你處死的同學。

我的故事說到這兒，可能是我語言的文學氛圍，或者語調深沉真摯，不少孩子都深深動容，沉浸在意料之外的震撼中。

我問班上的孩子們，如果你想殺的同學，他的雙親就是那對老伯伯與老婆婆，你還會堅持用「死亡筆記本」殺死這位同學嗎？當我把孩子一個一個的問過去，誰仍舊要殺同學的，僅剩下原來的三分之一。

什麼樣的要素，讓孩子改變了呢？孩子「體驗」了同學家庭的艱難，這是透過故事去體驗生命處境。

體驗性提問

從上述的故事可見，透過提問讓孩子體驗，需要在事件細節上鋪陳，而不是在概念上應對。無論閱讀、說故事，致使體驗性更深入的方法，就是透過提問引導，孩子便擁有體驗感。

比如討論「孤單」的主題，對孩子提問：「你們有孤單的經驗嗎？」

孩子大部分都說有。

我邀請孩子分享他們孤單的經驗。

假設，某位孩子回答：「一個人在家時，感覺很孤單。」

這位學生的回答是一個狀態。教師需在細節裡著墨，引導孩子闡明孤單的細節，比如何時一個人在家，爸媽做什麼去了，而當時的你在做什麼，孤單的感覺何時進入的，當時你怎麼辨呢？

當提問一步一步進逼細節，孩子就愈能體驗孤單的感受，思維與體驗性連結，就產生更豐富的圖像。教師在提問時，除了進入細節，亦要懂得進入更豐富的視野，開發孩子各種細微深邃的體驗。

以孤單為例子，教師要先洞悉孤單的定義，掌握孤單的成因與處境，對此有一定的體驗性，就能展開孩子的豐富性。當眾多孩子對感覺有了共鳴，都提及一個人的孤單，教師在對話探索之後，宜將主題拉開視野，比如詢問：「是否窩在人群的時刻，也有感到孤單？」

孤單的層次不同，具有了體驗性之後，更逐步打開視野的提問：「你們聽起來不喜歡孤單，那麼有沒有喜歡孤單的時候呢？」類似的提問彷彿鐘響，敲開他們的心靈，紛紛回饋：有些時候喜歡孤單。

我喜歡在這些提問之後，引導至問題思考，比如：「孤單與孤獨是否相同？」「孤單、孤獨與獨立之間，是否有關係？」「孤單對人，是否有正面的影響？」這是在孤單、寂寞、孤獨、獨立的幾個層次裡體驗，它們聽起來相似，卻有不同的情境與意涵。

這些關於孤單的議題，我喜歡在閱讀之前提問，或者在閱讀之後提問，同樣具有深刻豐富的對話。和孩子討論孤單議題，我往往搭配蘇童〈傷心的舞蹈〉閱讀，孩子的體驗性更深刻。

除了寂寞之外，其他主題如：「等待」、「選擇」、「原諒」、「夢境」、「承諾」等等，我常透過體驗性提問，與孩子在閱讀前討論，俾使他們與閱讀文本產生更深的聯繫。我曾在《心教》一書，提及我與孩子討論「寧靜」，討論的目的並非灌輸或教導寧靜是什麼，而是透過對寧靜的詮釋、認知與體驗，漸漸的引導至更深邃處。我在此處重新整理，藉此呈現提問所創造的體驗性，能拓展孩子更遼闊的視野。

我詢問孩子們：「你們有寧靜的經驗嗎？」

孩子紛紛舉手，表示自己有寧靜的經驗。

A回答：「有啊！我睡覺的時候很寧靜。」

我很好奇：「睡覺時不是聽不見嗎？怎麼會知道寧不寧靜呢？」

A趕緊補充：「喔！是睡覺之前很寧靜啦！」

我往下探詢：「能不能說說呢？你睡覺之前的寧靜。」

A說：「就晚上睡覺之前啊！都沒有聲音呀！感覺很安靜。」

B接著舉手回答：「考試的時候很寧靜。」

我問：「說說你考試感覺的寧靜。」

B回答：「因為考試的時候，都沒有聲音啊！四周都很安靜。」

我進一步探索：「你喜歡那種寧靜嗎？」

B偏著頭想了一下：「有時候喜歡，有時候不喜歡。」

我詢問：「怎麼會這樣呢？你能說說看嗎？」

B立刻回答：「有讀書的時候喜歡，沒有讀書的時候不喜歡。」

另一個女孩C舉手了。

C說：「下雨的時候，我感覺很寧靜。」

我停頓了一下，感受她所說的下雨的寧靜，也好奇的問她：「下雨的時候，不是有聲音嗎？妳怎麼會覺得寧靜呢？」

C接著回答：「因為下雨的時候，我心裡感覺很平和。」

我停頓了一下，咀嚼她提供的訊息，重新與她核對：「妳的意思是說，寧靜對妳而言，不是外在的安靜？而是內心的平和感覺？」

C點點頭，表示同意我的意見。

我繼續詢問C：「我好奇的是，讓妳內心感覺寧靜的，是雨的聲音？雨的畫面？雨的氣息？還是雨中的什麼東西呢？」

這個提問的探索，讓C更深一層的探索，意識讓她寧靜的要素。

C此時也停下來，安靜的想了數秒鐘。此刻的安靜停頓，我視為體驗性的發生。C重新感覺落雨的場景，並且重新停頓在想像中體驗，探索與意識寧靜的發生，而不是從頭腦思維的反射，直接回答我一個答案。

過了一陣子之後，她才緩緩的說：「我覺得都有吧！」

我好奇的問下去：「每當下雨的時候，妳心中感到寧靜了。那麼寧靜時刻看世界，會有什麼不同嗎？我的意思是，這和不寧靜的時刻相較。」

C說：「有感到不同呀！」

我好奇的詢問：「能不能再多說一些？」

C很認真的回答：「下雨的時候，我的內心很寧靜，就會看到雨滴從窗戶慢慢滑下來，還有雨中的樹啊！花啊！有時候還看見青蛙，平常比較不會注意。阿建老師，那是上個禮拜下雨的時候，我看到的啦！」

可見C在回答我時，腦中已進入一個圖像，細節在她眼前羅列，她彷彿正體驗著那樣的場景，才能娓娓道來寧靜的畫面。

我更進一步詢問：「若是這時候朋友打電話來，告訴妳好友過世了，心靈還會寧靜嗎？」

C說：「應該不會了吧！」

我接著假設性的提問：「那妳還會這麼仔細看見窗外雨中的景色嗎？」

C頓了一下回答：「應該都不會注意了。」

C的回答頗有意思，我若繼續問她，內在發生什麼了呢？怎麼不會注意窗外雨景呢？C可能會發現好友過世的訊息，占據了她的思維，將她的感官從寧靜中擾亂了。

我藉助C的回答，以提問的方式問全班：「你們誰有類似的經驗呢？感覺到寧靜是心裡的一種狀態？」

這時候，甚多孩子被C的回答打開心靈。有人提到外在寧靜，心裡卻不寧靜；有人提到外在不寧靜，但是心靈卻寧靜……

體驗性的提問，可以經由剝洋蔥似從外圍，層層探究，讓感知更深邃；也可以更寬的探索，讓思維透過旁敲側擊，體驗不同的豐富性。值得一提的是，這種互動方式，會將氣氛擴及全班，層層擴散，不只有更深的體驗性，也有了絕佳的共感經驗。

「和善的撒馬利亞人」進行體驗性提問

回到普林斯頓大學的心理實驗，如何運用體驗性的提問？

學生只閱讀文章，他們僅以頭腦認同義理，卻未必會身體力行，因為他們並未深刻的體驗內容。如果以體驗性提問介入，數據會有變數嗎？甚至面對較嚴苛的實驗門檻：學生讀「和善的撒馬利亞人」經文，並給予「你已經遲到了，演講幾分鐘前就應該開始了，趕快去吧！」的條件，用了體驗性的閱讀引導，會有不同的結果嗎？

假設，當神學院學生閱讀「和善的撒馬利亞人」，對學生進行提問：

若你是一個潦倒的旅人，看見牧師與利未人經過，卻對你視而不見，你心中會有什麼感覺呢？又會有什麼樣的看法衍生？

假如你是經過潦倒旅人的牧師，你會伸出援手嗎？你有這樣的經驗嗎？當他人困苦潦倒時，你願意伸出援手？或者你困苦潦倒時，曾經有人幫助過你？你內在發生了什麼呢？又或者別人需要你時，你並未伸出援手？說說這些經過與體驗。

最後，試著將以下條件加入提問。

若是你有急事呢？正趕著一場演講途中，看見困苦的旅人，你是否會停下來呢？讓你停下來的原因是什麼？你如何看待那些不伸出援手的人？你是否曾經有經驗，在匆匆忙忙趕赴約會時，卻仍願停下來助人一把？你的內在發生什麼呢？

上個段落的幾個提問，暗示接下來的實驗過程，也許不符合提問條件。但是，僅以最初的幾個提問，在學生讀完文章之後，用以體驗性引導，實驗結果會如何呢？

我認為會停下來協助的學生，比例應該遠遠超過百分之十。但是關於體驗性引導所得來的結果，僅能猜測，因為從未有人進行「體驗性」的實驗，但是閱讀的體驗層次，在討論中所呈現的結果，其影響卻非常巨大呀！

融入體驗與多元觀點的說故事法——

以蘇童的〈小偷〉引導為例

融入體驗與多元觀點的說故事法

——以蘇童的〈小偷〉引導為例

「孩子們，你們偷過東西嗎？可不可以說來聽聽？」

我這樣問之際，台下學生們睜大眼的光景，令人深刻。十二歲的孩子們，顯然對這主題感到興趣，也覺得這話題很有嚼勁，紛紛舉手發言。偷東西像是潘朵拉的盒子，充滿「黑暗主題」的魅力，但是又有多少人會帶領孩子討論？這是因為大人有所顧忌，孩子就未必願意分享。

文學沒有主題顧忌，萬物皆可以入戲。小說最迷人的溫潤之心，是處理了人的負面行為與心理幽微時，寄予同情與理解，讀者便了然於胸。再怎樣的「黑暗主題」，用文學的溫潤之心處理，人生便有況味，這路徑跟「對話」談到的如何以好奇了解人的行為類近。

以「你們偷過東西嗎？」破題，詢問孩子們，是要帶他們讀小說〈小偷〉。這篇出自大陸小說家蘇童之手。蘇童曾獲得數個國際重要文學獎，曾提名諾貝爾文學獎，是當代最具影響力、最受推崇的華人作家之一。我看過他大部分作品，小說迷人極了，文筆流暢，故事性濃厚，有些作品適合孩子閱讀。我希望孩子認識這位秀逸的小說家。

〈小偷〉不算是兒童或少年文學，蘇童設定的讀者是一般人，不過我認為十二歲孩子的閱讀力能負擔〈小偷〉了。所以，如何讓孩子願意閱讀之外，且能深刻理解，我以為閱讀前的引導，是非常重要的儀式。

依我淺薄之見，制式化的閱讀引導，多半介紹作家生平、文章大綱、小說傳遞的內容為何，然後重頭戲是分析作品或釋文釋義等等。這些引導我皆不喜歡，反而覺得多此一舉。若完全捨棄不引導，大部分孩子匆匆閱讀，不一定能讀進去，也常未能深刻進入文本。

閱讀前的引導，我有諸多方式，最易操作的多半從提問開始，在對話中慢慢的深化主題，帶入體驗性的對話，並由我以口說故事的方式，帶領孩子漸漸進入文本，並在幾個層次穿插討論。

接下來，我將展示這套方式。

閱讀前的提問與對話

我問：「孩子們，你們偷過東西嗎？可不可以說來聽聽？」

孩子A先舉手發言：「我偷過妹妹的棒棒糖。」

「那是什麼時候的事呢？」

A偏著頭想了會兒，「國小三年級的時候。」

「你怎麼會想偷妹妹的棒棒糖呢？」

A笑著說：「因為我的棒棒糖吃完了。」

「那根棒棒糖是什麼樣子呀？」

A停頓了一會兒，似乎在想棒棒糖的樣子，「一根綠色的棒棒糖。」

「你偷到了沒有？」

A笑得很大聲，彷彿很得意，「偷到了呀！而且吃掉了。」

「你偷的時候，會感到害怕嗎？」

A搖搖頭說，「有一點兒！」

「怕什麼呢？」

A想了一下，「怕被發現呀！」

「後來有被發現嗎？」

A很得意的說，「沒有被發現！但是妹妹哭得很慘！」

「當妹妹哭得很慘，你那時有什麼感覺呢？」

A：「還好！沒有什麼感覺！」

「偷吃那根棒棒糖的時候，開不開心呢？」

A：「還好！」

「那以後還有偷妹妹東西嗎？」

A搖搖頭說：「沒有了，怕她哭，很煩……」

這對話簡單，看似很隨性問答，但是透過互動讓A重新經驗了一個瑣碎的事件。快速應答中，A不見得深入議題，但是流露他偷東西的「害怕」感受，尤其妹妹哭得兇，令他帶點愧疚感，雖然A並未承認。我在細節裡提問，目的是讓他的感受更立體。

當我與A對話時，很多孩子紛紛插話，表達看法或相同經驗。這牽涉到教師經營課堂能力，如何讓對話深入，如何讓對話擴及全班參與，甚至不以過多的言語參與，都能有興致聆聽與思考主題。

孩子B發言：「我有偷過錢！」

「你偷過多少錢？」

B帶點竊笑的說，「每次偷十塊錢！」

「怎麼會每次偷十塊錢呢？」

B解釋，「這樣爸爸才不會發現。」

「爸爸的錢放在哪裡呢？」

B不假思索回答，「放在二樓的櫃子抽屜，那個抽屜有貼紙，抽屜打開會吱吱叫……」

「貼紙是什麼貼紙呀？誰貼上去的呢？」

B笑著說，「好像是卡通貼紙，我貼上去的呀！」

我想起《天方夜譚》，大盜在阿里巴巴家門口做記號，伺機上門偷竊，便開玩笑的糗他，「你是學《天方夜譚》嗎？拿貼紙當記號呀？」

B笑得很大聲。

我繼續問，「那櫃子是什麼顏色的呢？」

B思索了一會兒才說，「咖啡色的。」

「什麼時候去偷呢？」

B又思索一會兒，「爸爸在澆花的時候，我就跑到他房間。」

「偷錢做什麼呢？」

「買健達出奇蛋！」

健達出奇蛋是某種蛋狀的巧克力零食，內藏小玩具。我問他：「吃的時候感覺愉快嗎？」

「很開心，但是也有點兒罪惡感！」

「那偷錢的時候呢？也會開心和罪惡感嗎？」

B想了一陣子，「很緊張，還有一點兒害怕！」

「怕什麼呢？」

B理所當然地說，「怕被人家發現！」

「有被發現過嗎？」

B點點頭，「最後被爸爸發現了！被爸爸罰跪，還有被打！」

「偷十塊錢不是很安全嗎？」

B很無奈的說，「因為弟弟去告狀……」

全班都笑了，有人心有戚戚焉，附議說弟弟或妹妹最會告狀。

「被處罰了以後，還有繼續偷嗎？」

B笑著點點頭。

「怎麼還敢偷呢？」

B說，「因為很喜歡健達出奇蛋！」

班上的同學鬨堂大笑起來，有的人笑他幼稚，有的人點頭似乎同意，有的人私語自己喜歡蛋中的玩具……這引起孩子們小小的談話，氣氛活絡，不干擾課堂進行。

我繼續順著主題問，「你偷到什麼時候呢？」

B又思索了一下說，「偷到爸爸給我零用錢為止，我就沒有再偷過了。」

「我很好奇，怎麼會停止再去偷了呢？」

B回應我很快速，「因為爸爸給我零用錢了。」

我繼續問下去，關於自己偷東西事件的觀點：「那你怎麼看自己偷錢，去買健達出奇蛋這件事呢？」

B沉思了一下說，「我覺得自己很不應該！」

我深入一點兒問，「那這樣的心情，影響多久呢？這一段時間內心會掙扎嗎？」

B若有所思的點點頭。

我和B的簡單對話裡，牽涉到事件、細節、期待、感覺與觀點。這宛如剝洋蔥般層層推及到他的記憶核心，孩子檢視了自己，真誠細緻，化成文字是一篇散文，多增點情節便成了小說。B的回應，也觸發其他孩子思索，爭相拋出自己的記憶，**偷的東西有橡皮擦、偷取友情、偷取信任、偷他人的心……**竊物從具體的事物到抽象概念，以隱喻手法詮釋，常有我意料之外的答案。透過主題對話，我了解了孩子平常不太分享的暗黑面，竟然經由這個主題，讓我們更貼近孩子的生命。

如果時間足夠，我會問他們是否被偷過東西，被偷的事物為何，那個事物對他們的意義，如何面對被竊的失落，如何看待偷東西的小偷，如何應對，對他們造成的影響如何，這類提問從反面的「被偷」來思索，幫助他們換角度來思索自己的處境，使得「偷」與「被偷」的角色易位，一來一往間，有了更深邃的想法沉澱。此種**透過各種角色與處境，讓體驗性進入對話，主題變得更深刻，期許孩子們對事件有更多元的理解。**

設定一個主題對話，彼此有共同目標，對話有了聚焦的平台。然而，如「小偷」這類「稍有不注意即顛倒是非」的主題，最困難的狀況在於：師長需不需要道德勸說？需不要告訴他們什麼是對的？並且會擔心這樣討論，是否會讓孩子誤解，大人允許他們偷東西？

設想這類的討論，孩子若能敞開心扉，我們便有更多機會引導，而且孩子都知道偷竊是錯的！一旦大人的教訓、道理、斥責介入，討論通常不會真心，淪為法庭審判之嫌，也不會活絡了。基於教育原則，大人若要對偷竊有所批判，可以放在對話最後面進行，或舉幾個竊案的刑法案例，但是不要當成對話的主要意圖。這與孩子們討論日常的其他主題，如霸凌、打架、說謊、逃避之類的，幾乎是同樣的道理。

進入閱讀前的主題對話，是一種放鬆且有聯想力的討論，不易針對「我執」起爭執，是對話的美好形式。此時我們同時也進行「閱讀」孩子，「閱讀」一個人的成長歷程，「閱讀」一個人的經驗，「閱讀」一個人的觀點，「閱讀」一個人的感受，「閱讀」一個人的期待，「閱讀」一個人的決定……對話是進入熱帶森林觀察的旅程，大人如果不是一手拿來福槍、一手托著《聖經》，那些生物會像真誠的孩子們，走到你的眼前，繽紛呈現。

閱讀前的引導，我設定在更寬闊的分享，這樣的分享形式與場合，不需要設定在課堂，在家庭也甚美好。我的對話與討論目標，是打開孩子的經驗，讓孩子熟悉主題，連結更多感受、體驗、事件、觀點、期待、未滿足的期待、價值感等，做為進入閱讀文本的「鋪墊」。

「鋪墊」本是創作的一種手法，在進入人物或事件主題前，預先烘托出氣氛來，為進入主題做準備工作，可視為打開場面、表達歡迎的意思。我將此概念置於閱讀前的引導準備。

進入我的故事

與孩子們的對話結束了，接下來我會分享我的故事。

分享之前，我會感謝他們的坦白，還有感謝他們大膽分享。但是我會說明偷竊是犯罪，除親屬間相盜外，其餘的以公訴罪（非告訴乃論罪）論處，也就是司法單位知道後必須主動偵辦到底。這是灌輸他們對法律的認知。接著我要分享自己的經驗，我常會先問他們，如果我分享一段過往，這與「小偷」有關的經驗，他們會嘲笑我嗎？

孩子們都是天真的，一部分搖頭說不會，大部分會大聲說，「會呀！」如果這故事分享的對象是教師。教師們常會善體人意，搖頭說不會嘲笑我。如果〈小偷〉的對話群是新加坡朋友，他們甚少願意分享偷竊經驗，多半說沒有這類遭遇，需要我更多引導與對話，才會漸漸勾起過去記憶，敢大膽談論此問題。

可見相同主題，對不同族群、不同年齡、不同環境，會有不同反應。

我之所以詢問「你們會不會嘲笑？」也是一種鋪墊。我希望他們嘲笑，笑聲是進入情境的鑰匙，那或許還有點像看舞台劇或電影時的反應，讓孩子們鬆軟下來。接著，透過「我」的故事流動，在故事的關鍵處開放大家來討論，開發出更多元的視野。

底下是「我」的小偷故事。

我要說的小偷，不是我的故事。我要說的對象是譚峰，他是我的鄰居，一個不折不扣的小偷。我的爸爸是老師，以前老師這項職業受人尊重，對老師的兒子也尊重。我受尊重的話就不該跟小偷沾上邊。

譚峰偷東西的功夫好極了，從來沒有被人識破。他能夠在你面前，輕鬆偷走一個鉛筆盒，絕不會被你發現；他還大搖大擺的到別人家，佯裝問那家的孩子在不在家，光明的登堂入室，只消一會兒工夫，就把桌上的連環畫塞進衣服。譚峰身為小偷，卻有一張若無其事的常人表情，他做這些事情都不避諱我，把我當成最忠實的朋友。

譚峰偷東西的技巧太好了，如一陣風來去，不著身影。我小時候住的那條巷子，沒人能證明譚峰偷東西，只能傳言他是小偷。

有一回，我經過阿海家，聽見阿海的媽媽急切說：「阿海呀！趕緊把後門關起來！」

阿海正疑問著，為何要關後門呢？

阿海的媽媽壓低聲音，補了一句話：「譚峰從後面巷子走過來了！」

我聽見阿海媽媽的話了，心裡猶豫著，該不該和譚峰在一起？譚峰是我的好朋友，和一個小偷當朋友，大概很多人不以為然，**但是小偷也有朋友吧？你們有好友是小偷的嗎？**

我的故事會在這打住，與孩子進行討論互動。

當我詢問孩子們，「你們有好友是小偷的嗎？」有時候，有一兩位小朋友舉手附議，讓我感到無比好奇。他們與小偷為友，通常是只要自己不是小偷，那就沒問題了。

和小偷當朋友，對你們有什麼影響呢？我問。

有的孩子直言沒影響；有的孩子表示，自己要多小心提防；有的孩子坦承自己的東西被偷了……

各種影響都有吶！

既然如此，那為何還要與小偷繼續為友？面對這個問題，他們也有自己的理由。他們有的設定朋友的底線是不侵犯，有的甩不掉小偷朋友，有的喜歡小偷朋友的某種特質……

我繼續把故事說下去。

譚峰是個小偷，為何我和他是好朋友呢！因為他從來不偷我的東西，沒有踩到我的底線。他偷來的東西，會向我炫耀一下。假如譚峰拿了小雲的鉛筆，或是拿了小華的故事書，我會要求譚峰還回去，因為他們也是我的好朋友。譚峰經常二話不說就歸還，頗重視我這朋友的樣子。

但是和小偷當朋友，卻帶給我意料不到的影響……

你們知道是什麼影響嗎？我問。

孩子們七嘴八舌猜測，甚多瘋狂理由出爐，包括讓我變成大富翁、偷偷得到天大祕密、偷雞不著蝕把米、被誤認為是一個小偷等等。這帶給他們大膽想像與豐沛想像力的雙重吸引力，便有創造力了。

每個理由背後，都有他們的揣測，甚至是他們的經驗或故事。

在觀點裡對話

那是初夏的週末，蟬聲像燒開的沸水，擾動巷子裡的寧靜，我正在巷子尾的大樟樹下玩彈珠。在大樟樹下玩彈珠，彷彿是男孩的專利，幾個小屁男孩經常趴在地上，精準的射出手中彈珠，贏對方的彈珠占為己有。我的童年甚孤單，射彈珠技巧不上道，只能趁沒人的時候，一個人握著一把彈珠玩，感覺自己是個驍勇大將軍。這是一種自我欺騙，卻又自我滿足的遊戲。

我在大樟樹下專注的玩，蟬鳴聲從樹上傳來，淹沒了我的耳朵，竟沒發現有人站在一旁，不知觀察了我多久了。我轉過身來才發現，譚峰站在亮晃晃的日光下，雙手橫在胸前睥睨我。

譚峰冷酷的問我，「你怎麼這麼無聊？自己一個人玩彈珠？你沒事吧？」

我將彈珠收回口袋，拍拍手上塵土，「我覺得這樣也很好玩！」

譚峰詭異的笑了，「那幫我個忙吧！跟我走……」

譚峰丟下這句話，朝巷子頭走去，**我跟在譚峰屁股後頭，不知道他要我幫什麼忙。你知道他要我幫什麼忙嗎？**

孩子聽到這兒，多數會脫口而出，「他要你去把風。」

我很好奇孩子的邏輯，反問他們怎麼會知道，因為我當時不知道譚峰到底葫蘆裡賣什麼藥！

孩子們一副理所當然樣子，認為這很合乎常理，直呼阿建老師太呆了，才會沒有想到。倒是有孩子維護我，說一時之間很難反應吧！這叫當局者迷，旁觀者清。

譚峰走路步子很大，我小跑步追，才能跟譚峰並肩，問他要幹什麼，他卻笑而不答的走著。

我們巷子頭是家鐘錶店，鐘錶店的老張是老實人。老張是店主人，卻只能修理人家壞了的吊鐘。那個年代手錶是奢侈品，大人都沒有戴腕錶，小孩更不可能戴錶。吊鐘家家戶戶都有，壞了就找老張。

譚峰走到巷子頭，停下腳步，往錶店多覷了一眼，轉頭跟我說，「待會兒你站在這兒看著，若是有人經過，就朝裡面學狗吠兩聲。」

聽譚峰這麼一說，我下意識的回看巷子一眼，巷子空蕩蕩的，除了午後的陽光，一個人影也沒有。

我回過頭問譚峰，「你要做什麼？」

譚峰沒回應我，只是跟我說，「你照我說的做就對了。」

我不放心的再問他一次，「你到底要幹什麼？」

譚峰沒回話，閃身進入鐘錶店了。

午後的陽光白花花，照得我眼睛昏花。剛剛如沸水般的蟬聲，此刻彷彿隱匿了，我竟然聽不見蟬的嘈雜聲，只感覺我胸口有一片草原，草原上有一隻小白兔，咚咚咚的在我胸口跳著，敲打著我心裡的某些東西。

過了三十秒左右，譚峰從錶店若無其事走出來，不費工夫，手中便多了一塊亮晶晶的錶。

我感覺胸中多了一隻小白兔，共兩隻小白兔在胸膛奔來跑去。

我很驚恐的問譚峰，「你去偷錶？」

譚峰將錶放入口袋，若無其事的說，「對呀！」

我不敢相信自己，竟然參與了他偷錶，結結巴巴的說，「可是……」

「可是，」譚峰輕鬆地接話，「我已經偷到了。」

譚峰朝巷子尾走回去，我跟隨著他的身後，只聽見胸口的兔子咚咚咚。

故事說到這裡，**我問台下孩子們：請問，我這樣的行為，構成犯罪的條件嗎？**多數的孩子，都想表達意見，最先表達的幾乎都說，「當然有罪！」

我很好奇的問，罪名是什麼呢？

C說，「把風呀！譚峰去偷東西，你去幫忙把風！」

我重新確認與核對C的意見，「你的意思是，我跟譚峰去巷子頭，站在鐘錶店前面，而譚峰去偷錶了，所以我的罪名是把風？」

C點點頭，重新補充，「因為他去偷錶，你又答應他把風。」

D說，「我覺得你沒有犯罪！」

我很好奇地問，「怎麼說呢？你能不能將你的意見，對著C說說看！」

D對著C說，「因為阿建不知道譚峰要偷東西呀！而且阿建也沒有答應他把風！」

C急著辯駁說，「誰叫阿建要跟他在一起！」

E也插進來附議，「對呀！你本來就知道他是小偷呀！還跟他一起去！」

我在這兒詢問班級，你們和C、E意見一樣的舉手。不少學生紛紛舉手，他們很興奮表達。

也有少部分人反對，他們指出不算犯罪的理由。雙方為此辯論，交流著彼此的觀點，我的工作是整理他們意見，回饋給他們參考，組織彼此的觀點，並且進行核對。

有些孩子很有趣，提出了「道德罪」特別觀點，比如阿建也許沒犯罪，但是在道德上有罪責，阿建心中「咚咚咚跳的兔子」就是證據。同樣觀點，比如阿建感到兔子跳躍也是事證。有的孩子說明，那代表阿建的純真，因為是道德上的不安，和道德上有罪不等同。

孩子進行閱讀時，若是投入故事劇情，融入故事情節之中，是非常幸福的事。**但是如何從閱讀中，獲取更大量的意義、體驗或者覺察，有時候需要經由師長引導**。然而過去的引導，偏向灌輸式、標準答案式、憑空亂講式，雖然也是一種方式，但是否有更有脈絡、更自由的討論？

當孩子閱讀一篇故事，如何啟動多元觀點，如何在觀點中形成己見，擁有更深刻的見解，而不是人云亦云，也不是匆匆閱讀即過，這是閱讀的帶領者得思索的問題。

我的故事開啟了話題，大家各抒己見，這麼熱烈討論或許是故事進行之前大家分享自己的「小偷」經驗。因此當譚峰得手之後，「我」是否犯罪為主題，引爆觀點上的討論。我發覺孩子很願意開口，觀點有趣，也願意修正自己看法，當聆聽他人意見之後，會改變自己觀點。當然也有堅持己見者，為捍衛自己觀點而奮戰，讓我覺得十分可愛呀！

我也常為教師示範此故事，發現教師的觀點趨近，幾乎認定阿建有罪，持無罪觀點者，僅寥寥一兩人，這是非常有趣的現象。

至於故事裡的阿建是否犯罪，以法律的觀點來衡量，如下：

一、如果兩人共謀偷錶，譚峰去偷竊，阿建在外負責把風，兩人是「共同正犯」。

二、如果阿建叫譚峰去偷，則是「教唆犯」。

三、如果阿建沒到現場，只提供工具給人去犯案，或提供偷竊方法，則是「幫助犯」。

四、如果阿建不知道譚峰去偷，傻傻跟去，可能未涉刑法，但是事後面對檢舉的責任與壓力，則需要更深入討論。

這些法律訊息可以在故事討論結束後，提供出來。

在生命經驗裡對話

在孩子們熱絡討論之後，我將故事講下去。

我走在譚峰的身後，胸膛的兔子不斷跳躍，心靈徬徨著，直到我走到家門前。

我和譚峰是鄰居，兩家的房子比鄰而居，雖是矮平房，前頭各有一個大院子。

當我走進家中，要和譚峰告別時，譚峰開口向我道謝。我問他，「你謝我什麼？」

譚峰笑了笑，指著口袋裡的錶說，「你知道的嘛！」

譚峰這樣一說，我感覺胸口的兔子，又多跑一隻出來跳躍。

當我將大門關上時，你知道我做了什麼嗎？

F說，「你哭了！」

我回問F，「我怎麼會哭呢？」

F說，「因為你很害怕呀！被朋友帶去偷東西。」

我問F，「你有類似的經驗嗎？被朋友帶去做一件可怕的事，事後回家就哭了。」

F說，「應該有吧！」

我接著問他，「你還記得是什麼事嗎？」

F搖搖頭說，想不起來了。

我回饋他，「所以你一定很了解我吧！那時候害怕的心情。」

F點點頭表示同意。

G接下了話題，回應：「你回去寫日記。」

「我很好奇，發生了這件事，我怎麼會寫日記呢？」

G說，「你很委屈呀！被譚峰叫去把風，超『衰』又不能說出來呀！」

「你有類似的經驗嗎？」

G迫不及待說，「有啊！有一次同學晚回家，騙他媽媽是跟我在學校玩，把我拖下水，害我被他媽媽罵。我不能實話實說，回家就寫在日記上發洩呀！」

我回饋G說，「所以你一定能了解我的心情吧！」

G認真說，「我超了解的！」

孩子回應我的事件，大部分出自個人的經驗，也有少部分是他們聽聞或見識而來的，或透過其他管道如電視、電影和書本得來的經驗。可見訊息在某種狀況下，會成為孩子的深刻記憶。

關於「小偷」的故事，我接著透露了訊息，提示他們我平常不寫作業，於是關上大門之後……

孩子紛紛告訴我，「所以你回家寫作業了！」

我順著他們的話問，「我怎麼會回家寫作業呢？」

「因為你想贖罪呀！」「因為你有罪惡感！」「因為你知道做錯事了，所以要做一件事補償！」……

我問他們有類似的經驗嗎？

孩子紛紛陳述自己的經驗，比如打破花瓶之後，用功讀書寫作業；考試考砸之後，回家乖乖做家事……

我反問他們，「所以你們都了解我的心情吧！那種複雜的感覺。」

孩子紛紛點頭。

在生命經驗裡對話，讓孩子更投入故事中角色，從角色連結生命經驗，帶出更多體驗性。

我繼續跟孩子講故事：國小時期，我從不寫功課，但是那天回家之後，我心裡非常不踏實，感覺自己做錯事了，竟然安安靜靜的拿出作業出來寫。即使我寫作業了，心中的兔子依然活躍，仍能感覺三隻兔子跳躍，直到我聽見隔壁門鈴響了，一陣急過一陣。那鈴聲惹得我心中的兔子跳得更活躍，彷彿有四隻兔子奔跑。

我放下手邊作業，跑到庭院，從圍牆往毗鄰的院子看去。我看見譚峰的爸爸穿著背心，出來開門。他爸是鐵匠，手臂非常粗壯，彷彿扛著兩座山，走路虎虎生風，正要開門之際，我幾乎感到要休克了。

鐵匠一打開門，我心中簡直「小兔亂撞」了。

創造敘事的對話

鐵匠一打開門，你知道是誰來按門鈴嗎？

孩子們脫口而出的答案，第一指名是「老張」。

我問，「老張來摁門鈴，做什麼呢？」

孩子最常出現的理由，「因為他發現店裡的錶不見了。」

我好奇地問他們，「他發現錶不見了，為何來譚峰家摁門鈴呢？」

孩子們常說，「因為譚峰是小偷呀！」

我提醒他們，「但是譚峰偷東西，從來沒有被發現呀！」

孩子往往異口同聲的說，「但是大家都知道他是小偷啊！」

我進一步切入敘事，「老張發現錶不見了，摁譚峰家的門鈴做什麼呢？」

孩子們的答案有了變化，「直接問譚峰有沒有偷錶？」「表面上問事情，其實想看看譚峰怎麼樣回應，有沒有很心虛？」「藉機來譚峰家觀察！」等等，每個答案的背後，都有他們的理由，也牽涉到觀點與自我的生命經驗，他們不僅深入故事，更是創作故事了。

回應是「老張來摁門鈴」的孩子中，這幾年來我記憶最深刻的答案是，**老張來找鐵匠，他並不知道錶不見了，只是一般尋常拜訪而已。故事中「我」之所以會「小兔亂撞」，純粹是「作賊心虛」**。我為這個答案絕倒，不只合情合理，也充分洞悉人性，更充滿著戲劇張力。我問孩子有類似的經驗嗎，這個孩子只是笑而不答。

誰來按門鈴？除了鐵匠，孩子們常出現的第二項答案是「警察」。這令我好奇他們的想法。

孩子紛紛說，「因為老張發現錶不見了，就跑去報警了呀！警察來抓小偷呀！」

我提出了質疑，「可是警察怎麼知道是譚峰偷的呢？」

有的孩子立即說明，「因為監視器拍下來了。」

我提醒孩子們，「那是三十年前的事，當時可沒有監視器呀！」

孩子們才紛紛思索，「因為譚峰是小偷呀！大家都知道嘛！所以警察先來他家問問看！」

我挑戰孩子們的常識，「警察會因為某人有嫌疑？就跑到人家家查案嗎？」

除了老張與郵差敲門這兩個答案，還有隔壁阿婆、郵差、老師家庭訪問等等，答案有趣極了。

孩子們信口拈來的答案，經常是不假思索的反應，我的提問有助於他們停頓，目的是重新整合自己的觀點與判斷。他們在回應提問的同時，也在創造故事了，他們不再只是台下的聆聽者，亦是小小說書人，從故事的停頓點切入新點子的方向，如同寫作的訓練一般。

多層次的對話

鐵匠打開門一看，原來是錶店的老張來了。

老張開門見山，立刻向鐵匠投訴，「你們家譚峰，今天下午到我店裡，偷了一塊錶。」

鐵匠臉色頓時「鐵青」，維護自己的兒子，「我們家譚峰從來不偷東西！」

孩子們聽到這兒，紛紛笑了出來，笑的理由是：爸爸竟然不知道兒子常偷東西。

我挑戰他們，「你們偷東西，爸媽會知道嗎？」

孩子紛紛笑著搖頭，彷彿瞬間連結了生命經驗，進入「秒懂」的狀態。

老張從鼻子哼出聲音，「我剛剛放了一塊錶，在玻璃櫥櫃上，人就到後院砍柴去了。出來之後，錶就不見了！」

鐵匠很不客氣的說，「你錶不見了，關我們家譚峰什麼事呀？」

老張帶點兒不屑的說，「我走到門口一看，巷子裡除了譚峰，半個人影也沒有！那時候譚峰正要進你家門呢！」

老張看見譚峰回家，卻沒有看見我，那真是太驚險了，我胸中依然「小兔亂撞」，額頭直冒汗哪！

鐵匠生氣的說，「那也不能證明，就是我們家譚峰偷的呀！」

老張很生氣，似乎很想脫口而出，說譚峰平常就是小偷，但是老張欲言又止。

「別誣賴譚峰，我叫他出來對質！」鐵匠氣呼呼，扯開喉嚨喊：「譚峰！譚峰！給我出來。」

譚峰這時出現了，氣定神閒的經過院子，沒發現在牆頭上的我正心驚膽戰的偷窺這一切。

鐵匠問譚峰，「你下午做什麼去了？有沒有去老張家偷一塊錶呀？」

譚峰說了一個理由，我感覺自己胸中，一窩兔子狂亂跳躍！

你知道譚峰說了什麼嗎？

孩子們紛紛回答，「譚峰說下午和你在一起！」

也有孩子的答案令我驚嚇，為故事劇情加碼，說：「完蛋了，譚峰說是你去偷錶的！」

孩子們的答案繽紛，常讓我又驚喜又眼花撩亂，每個答案的背後，都有自成一格的理由，彷彿天生的說書人。

譚峰聳聳肩，說：「我下午都和阿建在一起，怎麼可能去你家偷東西！而且我最討厭小偷了。」

譚峰的爸爸很欣慰，在旁幫腔著說，「你聽見了吧！譚峰下午都和阿建在一起。」

譚峰的爸爸接下來說了一句話，讓我胸膛中的小兔子，全部一掃而空。

到底譚峰的爸爸說了什麼？我對孩子們保證，他們絕對猜不到這天大的理由。

這誘導孩子踴躍發言，跳進我的圈套，不斷嘗試各種答案與理由，想要一舉攻破我的故事防線，彷彿要穿透人情世故。孩子們當然猜不到，我題目設下的是「修辭」的圈套，我沒有明白告訴孩子。

譚峰的爸爸說，「老張你要不信的話，我們現在去問阿建！阿建是李老師的兒子，老師的兒子絕對不會撒謊！」

譚峰爸爸的說詞，令我胸中的兔子完全不見了，為什麼一掃而空呢？**因為胸膛**

裡取而代之的是一匹馬，那匹馬的馬蹄奔跑著，噔噔咚咚的不斷踩踏我的胸膛。

鐵匠來我家敲門，摟著我的肩膀，心平氣和的問，「伯伯有話問你，今天下午你跟譚峰在一起嗎？」

我只能點點頭。

鐵匠繼續問，「譚峰下午有沒有去老張家？偷了他們一塊銻呀？」

「你要怎樣面對呢？」我對孩子們提問，假如你莫名其妙「參與了」好朋友的偷竊，但你在事發前、過程中並不知情他去偷竊，卻目睹了整個過程，你會如何回答呢？

孩子們最多的答案，當然是說「沒有」。

我追問他們說謊的理由，多半為了保護自己，也想要保護好朋友。

「在誠實與好友之間，你們選擇的是什麼，你是看重友誼，比誠實還重要的人嗎？」**我從他們的答案，回應他們的觀點**。大多數的孩子，覺得保護自己和保護朋友，都比誠實重要。

我繼續問下去，「你曾有這樣的經驗嗎？為了保護好朋友，不得不說了一些謊言！」

孩子多半都有類似經驗。**我邀請他們，要是允許的話，說一些相關的生命經驗**。他們多半能想到，大方分享，沒有扭捏。

倒是有不少孩子的思緒在此徘徊，因為陷入故事情境，不知如何回答，最後講出了值得玩味的回答：「不知道譚峰有沒有去偷！」

「怎麼會不知道呢？你下午不是和譚峰在一起嗎？」我進一步催逼，莞爾一笑。

孩子往往被我的問話，逼入絕境。他們的本意是不想說謊話，也不想出賣好友！所以無法在「是」或「不是」兩項答案選擇，只能迴避說「不知道」，這隱藏「知道譚峰偷錶了」，但又礙於友誼而推諉說謊。這樣子回答了，無形中也出賣好友了，因為讓好友身陷險境。

真是兩難的提問呀！卻是人生中常有的遭遇。

有的孩子選擇誠實以對，供出譚峰偷錶的事實。他們的觀點可以分為三部分：一是，誠實是人的道德基準，所以不能夠說謊。二是，「誠實為上策」，誠實是比較好的模式，可以避免後續惹來的麻煩。三是，事實就是如此，本來就該這樣說。

這些觀點的成因，是怎麼形成的呢？寧願友誼決裂，也不想觸犯心中的道德基準或誠心。這沒有錯，我好奇的是：**他們有類似的生命經驗嗎？這是我在提問時，**

請孩子們探索的問題。

選擇誠實的孩子，有一位女孩的想法令我印象深刻。女孩的觀點是，誠實是道德，代表一人是否潔淨！

我問她，這樣的觀點，是怎麼樣發展而成的呢？過去曾經有類似說謊的經驗嗎？

女孩說，自己曾經說謊，但是如今已經幡然悔悟，不會再重蹈覆轍。我細問下去才知道，這樣的想法是天主教給予她的救贖概念，她也強調自己不會再身陷不義了，遠離了徬徨說謊的困境。

我再問她，「妳有類似經驗嗎？好友請妳圓謊，妳卻誠實說出真相？」

女孩點點頭表示有。

「妳好友有何反應呢？」

女孩此刻落淚了，表示好友再也不理她了。

我緩慢的在觀點上探索，「妳如何看待這樣的事件呢？」

女孩堅定的說，「在主的慈愛之下，我相信她一定會理解的，只是時間的問題而已。」

將故事於懸念處結束

回到故事，「我」面對鐵匠的詢問，「譚峰下午有沒有去老張家？偷了他們一塊錶呀？」

我一時腦袋空白，慌了該如何回答，只見鐵匠家門前的柳樹，被風吹得左右搖擺，我的心也隨之左右擺盪呀！過了十秒鐘吧！我吞了一口唾液，才吞吞吐吐的說，「沒有，譚峰沒有偷老張的錶。」

我聽見兩口氣的聲音。先是鐵匠鬆了一口氣，拍拍我的肩膀，稱讚我是個好孩子。後來是老張嘆了一口氣，揮揮手轉身離開了。

巷子再度剩下我和譚峰，又傳來嘈雜的蟬聲了，我感覺自己雙腳發軟，彷彿經歷了一場浩劫。直到譚峰拍我的肩膀，我才回過神來跟譚峰說：「我差一點兒被你嚇死了！」

譚峰一派輕鬆的說，「沒那麼誇張吧！」

夏季的大熱天，我感覺自己正哆嗦著，「真的嚇死了！你偷東西，竟然拖我下水！拜託你將錶還給老張吧！」

譚峰將錶從口袋掏出來。我再度被嚇壞了，這膽大的小偷，竟然將贓物放在身上，還氣定神閒面對失主！

譚峰看重我這個朋友，「我立刻就去還！」

我既驚訝又懷疑，「立刻去還？老張剛走回去呢！你要怎麼還？」

譚峰若無其事的說，「沒問題啦！看我的就好，我是個小偷呀！」

我趕緊說，「我可不再為你把風喔！」

譚峰笑一笑，「不用你幫忙啦！剛剛是看你無聊，才要你跟我一起去嘛！」

只見譚峰揣著那塊錶，從我眼前漸漸走到巷子頭。他的身影漸行漸遠，直到剩下一個小點，我知道他走到老張家了。巷子裡的蟬聲鼓譟，我的心也瞬間浮躁，直到譚峰的身影再次出現。

他輕輕鬆鬆的踱回巷尾，我趕緊迎上去問他，「錶還了沒有？」

這時我問孩子：「你們覺得譚峰錶還了沒有？」

孩子們很善良，大部分回答，「當然還了！」

有的孩子從人性來看，說：「譚峰沒有還！只是做動作騙騙你而已！」

有的孩子更具創意，說：「譚峰把錶還了，但是他又偷了一個新的，新偷的錶跟你無關了。」

啊！這些答案與想法，常常讓我絕倒。

到底譚峰還了沒有呢？其實故事才開始，後面一連串的驚濤駭浪，劇情曲折。然而，我卻在故事關節處對孩子說：「在這裡告一段落了，不說了。」這是吊胃口的技巧，目的是引領孩子對故事有懸念，引導他們讀文本。

孩子們常常在這裡蒙了，丈二金剛摸不著頭腦，連忙問：「那譚峰還了沒有？」「後來發生什麼事了？」「到底怎麼了啦？」

「我剛剛講的是蘇童的〈小偷〉，你們可以去看文本。」我對時間拿捏非常精準，正巧來到下課了。

孩子們通常一片譁然。其一是故事未完，大吊胃口，形同處罰呢，他們紛紛扼腕嘆息。其二是，那竟然不是我的故事，而是蘇童的小說，他們整堂課都陷入了「我」的情境中了。

孩子們佯裝憤怒的說，「阿建你太壞了！竟然說那是你的故事！」

我告訴孩子們，「那篇小說使用第一人稱，描寫『我』怎麼樣的，我就照他寫的說而已呀。」

孩子裝作氣得牙癢癢，多半都想趕緊進入文章閱讀。他們看完〈小偷〉之後，不只有很多感想，還拿來與我口述故事比較，說出文本和口述的區別，或者糾正我口述的創作！

我常利用說故事為橋梁，引導孩子閱讀文本，將甘耀明、黃春明、陳映真、余華、賈西亞・馬奎斯、安房直子等人的小說口語化。在進入故事前，先進行主題討論，亦在故事間穿插對話，引領討論；尤其是在「敘事」、「觀點」與「生命經驗」中對話，讓孩子批判式的思辨之餘，懂得不帶情緒對話，也懂得聆聽他人觀點，去思索與解決問題，甚至去創造更寬闊深刻的故事、思維與體驗，孩子們便有了不同的一堂課了。

小偷

——蘇童

小偷在箱子裡回憶往事。如此有趣的語言總是有出處的。事實上它來自於一次拆字遊戲。聖誕節的夜晚，幾個附庸風雅的中國人吃掉了一隻半生不熟的火雞，還喝了許多白葡萄酒和紅葡萄酒。他們的腸胃沒有產生什麼不適的感覺。他們聊天聊到最後沒什麼可聊了，有人就提議做拆字遊戲。所謂的拆字遊戲要求參加者在不同的紙條上寫下主語、狀語、謂語、賓語，紙條和詞組都多多益善，紙條與詞組越多組合成的句子也越多，變化也越大。他們都是個中老手，懂得選擇一些奇怪的詞組，在這樣的前提下拼湊出來的句子就有可能妙趣橫生，有時候甚至讓人笑破肚皮。這些人挖空心思在一張張紙條上寫字，堆了一桌子。後來名叫郁勇的人抓到了這四張紙條：小偷在箱子裡回憶往事。

遊戲的目的達到了，歡度聖誕節的朋友們哄堂大笑。郁勇自己也笑。笑過了有人向郁勇打趣，說，郁勇你有沒有可以回憶的往事？郁勇反問道，是小偷回憶的往事？朋友們都說，當然是小偷回憶往事，你有沒有往事？郁勇竟然說，讓我想一想。大家看著郁勇抓耳撓腮的，並沒有認真，正要繼續遊戲的時候，郁勇叫起來，我要回憶，他說，我真的要回憶，我真的想起了一段往事。

這是誰也沒有預料到的，郁勇說了一個別人無法打斷的故事。

我不是小偷，當然不是小偷。你們大概都知道，我不是本地人，我在四川出生，小時候跟著我母親在四川長大。我母親是個中學教師，我父親是空軍的地勤人員，很少回家。你們說像我這種家庭環境裡的孩子可能當小偷嗎？當然不會是小偷，可我要說的是跟小偷沾邊的事情，你們別吵了，我就挑有代表性的事情說，不，我就說一件事吧，就說譚峰的事。

譚峰是我在四川小鎮上的唯一一個朋友，他跟我同齡，那會兒大概也是八九歲。譚峰家住在我家隔壁，他父親是個鐵匠，母親是農村戶口，家裡一大堆孩子，就他一個男的，其他全是女孩子，你想想他們家的人會有多麼寵愛譚峰。他們確實寵愛他，但是只有我知道譚峰偷東西的事情，除了我家的東西他不敢偷，小鎮上幾乎所有人家都被他偷過。他大搖大擺地闖到人家家裡去，問那家的孩子在不在家，就那麼一會兒功夫，他就把桌上的一罐辣椒或者一本連環畫塞在衣服裡面了。有時候我看著他偷，我的心怦怦地跳，譚峰卻從來若無其事。他做這些事情不避諱我，是因為他把我當成最忠實的朋友，我也確實給他做過掩護，有一次譚峰偷了人家一塊手錶，你知道那時候一塊手錶是很值錢的，那家人懷疑是譚峰偷的，一家幾口人嚷到譚峰家門口，譚峰把著門不讓他們進去，鐵匠夫妻都出來了，他們不相信譚峰敢偷手錶，但是因為譚峰嘴裡不停地罵髒話，鐵匠就不停地擰他的耳朵，譚峰嘴強，他大叫著我的名字，要我出來為他作證，我就出去了，我說譚峰沒有偷那塊手錶，我可以證明。我記得當時譚峰臉上那種得意的微笑和鐵匠夫婦對我感激涕零的眼神，他們對圍觀者說，那是李老師的孩子呀，他家教好，從來不說謊的。這件事情就因為我的原因變成了懸案，過了幾天丟手錶的那家人又在家裡發現了那只手錶，他們還到譚峰家來打招呼，說是冤枉了譚峰，還給他送來一大碗湯圓，譚峰捧著那碗湯圓叫我一起吃，我們倆很得意，是我讓譚峰悄悄地把手錶送回去的。

我母親看不慣譚峰和他們一家，不過那個年代的人思想都很先進，她說能和工農子弟打成一片也能受一點教育，她假如知道我和譚峰在一起幹的事情會氣瘋的，偷竊，我母親喜歡用這個詞，偷竊是她一生最為痛恨的品行，但她不知道我已經和這個詞彙發生了非常緊密的聯繫。

假如不是因為那輛玩具火車，我不知道我和譚峰的同盟關係會發展到什麼程度。譚峰有一個寶庫，其實就是五保戶老張家的豬圈。譚峰在窩藏贓物上很聰明，老張的腿腳不太靈便，他的豬圈裡沒有豬，譚峰就挖空了柴草堆，把他偷來的所有東西放在裡面，如果有人看見他，他就說來為老張送柴草，譚峰確實也為老張送過柴草，一半給他用，一半當然是為了擴大他的寶庫。

我跟你們說說那個寶庫，裡面的東西現在說起來是很可笑的，有許多藥瓶子和針劑，說不定是婦女服用的避孕藥，有搪瓷杯、蒼蠅拍、銅絲、鐵絲、火柴、頂針、紅領中、晾衣架、旱煙袋、鋁質的調羹，都是些亂七八糟的東西。譚峰讓我看他的寶庫，我毫不掩飾我的鄙夷之情，然後譚峰就扒開了那堆藥瓶子，捧出了那輛紅色的玩具火車，他說，你看。他小心翼翼地捧著火車，同時用肘部阻擋我向火車靠近，他說，你看。他的嘴上重複著這句話，但他的肘部反對我向火車靠近，他的肘部在說，你就站那兒看，就看一眼，不准碰它。

那輛紅色的鐵皮小火車，有一個車頭和四節車廂，車頭頂端有一個煙囪，車頭裡還坐著一個司機。如今的孩子看見這種火車不會稀罕它，可是那個時候，在四川的一個小鎮上，你能想像它對一個男孩意味著什麼，是人世間最美好的東西，對嗎？我記得我的手像是被磁鐵所吸引的一塊鐵，我的手情不自禁地去抓小火車，可是每次都被譚峰推開了。

你從哪兒偷來的？我幾乎大叫起來，是誰的？

衛生院成都女孩的。譚峰示意我不要高聲說話，他摸了一下小火車，突然笑了起來，說，不是偷的，那女孩夠蠢的，她就把小火車放在窗前嘛，她請我把它拿走，我就把它拿走了嘛。

我認識衛生院的成都女孩，那個女孩矮矮胖胖的，腦子也確實笨，你問她一加一等於幾，她說一加一是十一。我突然記起來成都女孩那天站在衛生院門前哭，哭得嗓子都啞了，她父親何醫生把她扛在肩上，像是扛一只麻袋一樣扛回了家，我現在可以肯定她是為了那輛小火車在哭。

我想像著譚峰從窗子裡把那輛小火車偷出來的情景，心裡充滿了一種嫉妒，我發誓這是我第一次對譚峰的行為產生嫉妒之心。說起來奇怪，我當時只有八九歲，卻能夠掩飾我的嫉妒，我後來冷靜地問譚峰，火車能開嗎？火車要是不能開，就沒什麼稀罕的。

譚峰向我亮出了一把小小的鑰匙，我注意到鑰匙是他從褲子口袋裡掏出來的，一把簡單的用以擰緊發條的鑰匙。譚峰露出一種甜蜜的自豪的微笑，把火車放在地上，他用鑰匙擰緊了發條，然後我就看見小火車在豬圈裡跑起來了，小火車只會直線運動，不會繞圈，也不會拉汽笛，但是這對於我來說已經是一個奇蹟了。我不想表現得大驚小怪，我說，火車肯定能跑，火車要是不能跑還叫什麼火車？

事實上我的那個可怕的念頭就是在一瞬間產生的，這個念頭起初很模糊，當我看著譚峰用柴草把他的寶庫蓋好，當譚峰用一種憂慮的目光看著我，對我說，你不會告訴別人吧？我的這個念頭漸漸地清晰起來，我沒說話，我和譚峰一前一後離開了老張的豬圈，路上譚峰撲了一隻蝴蝶，他要把蝴蝶送給我，似乎想作出某種補償。我拒絕了，我對蝴蝶不感興趣。我覺得我腦子裡的那個念頭越來越沉重，它壓得我喘不過氣來，可是我無力把它從我腦子裡趕走。

你大概能猜到我做了什麼。我跑到衛生院去找到了何醫生，告訴他譚峰偷了他女兒的小火車。為了不讓他認出我的臉，我還戴了個大口罩，我匆匆把話說完就逃走了。回家的路上我恰好遇到了譚峰，譚峰在學校的操場上和幾個孩子在踢球玩，他叫我一起玩，我說我要回家吃飯，一溜煙似的就逃走了。你知道告密者的滋味是最難受的，那天傍晚我躲在家裡，豎著耳朵留心隔壁譚峰家的動靜，後來何醫生和女孩果然來到了譚峰家。

我聽見譚峰的母親扯著嗓子喊著譚峰的名字，譚峰父親手裡的錘子也停止了單調的吵鬧聲。他們找不到譚峰，譚峰的姊姊妹妹滿鎮叫喊著譚峰的名字，可是他們找不到譚峰。鐵匠怒氣沖沖地來到我家，問我譚峰去了哪裡，我不說話，鐵匠又問我，譚峰是不是偷了何醫生家的小火車，我還是不說話，我沒有勇氣作證。那天譚鐵匠乾巴的瘦臉像一塊烙鐵一樣滋滋地冒出烈焰怒火，我懷疑他會殺人。聽著小鎮上響徹譚峰家人尖利瘋狂的喊聲，我後悔了，可是後悔來不及了，我母親這時候從學校回來了，她在譚峰家門前停留了很長時間，等到她把我從蚊帳後面拉出來，我知道我把自己推到絕境中了。鐵匠夫婦跟在我母親身後，我母親說，不准說謊，告訴我譚峰有沒有拿那輛小火車？我無法來形容我母親那種嚴厲的無堅不摧的眼神，我的防線一下就崩潰了，我母親說，拿了你就點頭，沒拿你就搖頭。我點了點頭。然後我看見譚鐵匠像個炮仗一樣跳了起來，譚峰的母親則一屁股坐在了我家的門檻上，她從鼻子裡擤出一把鼻涕，一邊哭泣一邊訴說起來。我沒有注意聽她訴說的內容，大意反正就是譚峰跟人學壞了，給大人丟人現眼了。我母親對譚峰母親的含沙射影很生氣，但以她的教養又不願與她鬥嘴，所以我母親把她的怨恨全部發洩到了我的身上，她用手裡的備課本打了我一個耳光。

他們是在水裡把譚峰抓住的，譚峰想越過鎮外的小河逃到對岸去，但他只是會兩下狗爬式，到了深水處他就胡亂撲騰起來，他不喊救命，光是在水裡撲騰，鐵匠趕到河邊，把兒子撈上了岸，後來他就拖著溼漉漉的譚峰往家裡走，鎮上人跟著父子倆往譚峰家裡走，譚峰像一根圓木在地上滾動，他努力地朝兩邊仰起臉，唾罵那些看熱鬧的人，看你媽個＊，看你媽個＊！

正如我所預料的那樣，譚峰不肯坦白。他不否認他偷了那輛紅色小火車，但就是不肯說出小火車的藏匿之處。我聽見了譚鐵匠的咒罵聲和譚峰的一次勝過一次的尖叫，鐵匠對兒子的教育總是由溺愛和毒打交織而成的。我聽見鐵匠突然發出一聲山崩地裂的怒吼，哪隻手偷的東西？左手還是右手？話音未落譚峰的母親和姊姊妹妹一齊哭叫起來，當時的氣氛令人恐怖，我知道會有什麼可怕的事情發生，我不願意錯過目睹這件事情的機會，因此我趁母親洗菜的時候一個箭步衝出了家門。

我恰好看見了鐵匠殘害他兒子的那可怕的一幕，看見他把譚峰的左手摁在一塊燒得火紅的烙鐵上，也是在這個瞬間，我記得譚峰向我投來匆匆的一瞥，那麼驚愕那麼絕望的一瞥，就像第二塊火紅的烙鐵，燙得我渾身冒出了白煙。

我說得一點也不誇張，我的心也被燙出了一個洞。我沒聽見譚峰響徹小鎮上空的那聲慘叫，我掉頭就跑，似乎害怕失去了左手手指的譚峰會來追趕我。我懷著恐懼和負罪之心瘋狂地跑著，不知怎麼就跑到了五保戶老張的豬圈裡。說起來真是奇怪，在那樣的情況下我仍然沒有忘記那輛紅色的小火車，我在柴草堆上坐了一會兒，下定決心翻開了譚峰的寶庫。我趁著日落時最後的那道光線仔細搜尋著，讓我驚訝的是那輛紅色的小火車不見了，柴草垛已經散了架，我還是沒有發現那輛紅色的小火車。

譚峰並不像我想像的那麼愚笨，他把小火車轉移了。我斷定他是在事情敗露以後轉移了小火車，也許當他姊姊妹妹滿鎮子叫喊他的時候，他把小火車藏到了更為隱祕的地方。我站在老張的豬圈裡，突然意識到譚峰對我其實是有所戒備的，也許他早就想到有一天我會告密，也許他還有另一個室庫，想到這些我有一種莫名的失落和悲傷。

你能想像事情過後譚家的混亂吧，後來譚峰昏過去了，是鐵匠一直在嗚嗚地哭，他抱著兒子一邊哭著一邊滿街尋找鎮上的拖拉機手。後來鐵匠夫婦都坐上了拖拉機，把譚峰送到三十里外的地區醫院去了。

我知道那幾天譚峰會在極度的疼痛中度過，而我的日子其實也很難熬。一方面是由於我母親對我的懲罰，她不准我出門，她認為譚峰的事情有我的一半責任，所以她要求我像她的學生那樣，寫出一份深刻的檢討。你想想我那時候才八九歲，能寫出什麼言之有物的檢討呢，我在一本作業本上寫寫畫畫的，不知不覺地畫了好幾輛小火車在紙上，畫了就扔，扔了腦子裡還在想那輛紅色的小火車。沒有任何辦法，我沒有辦法抵禦小火車對我產生的魔力，我伏在桌子上，耳朵裡總是聽見隱隱約約的金屬聲，那是小火車的輪子與地面磨擦時發出的聲音。我的眼前總是出現四節車廂的十六個輪子，還有火車頭上端的那個煙囪，還有那個小巧的脖子上挽了一塊毛巾的司機。

讓我違抗母親命令的是一種灼熱的慾望，我迫切地想找到那輛失蹤的紅色小火車。母親把門反鎖了，我從窗子裡跳出去，懷著渴望在小鎮的街道上走著。我沒有目標，我只是盲目地尋找著目標。是八月的一天，天氣很悶熱，鎮上的孩子們聚集在河邊，他們或者在水中玩水，或者在岸上做著無聊的官兵捉強盜的遊戲，我不想玩水，也不想做官兵做強盜，我只想著那輛紅色的鐵皮小火車。走出鎮上唯一的麻石鋪的小街，我看見了玉米地裡那座廢棄的磚窯。這一定是人們所說的靈感，我突然想起來譚峰曾經把老葉家的幾隻小雞藏到磚窯裡，磚窯會不會是他的第二個寶庫呢？我這麼想著無端地緊張起來，我搬開堵著磚窯門的石頭，鑽了進去，我看見一些新鮮的玉米稈子堆在一起，就用腳踢了一下，你猜到了？你猜到了。事情就是這麼簡單，不是說蒼天不負有心人嗎？我聽見了一種清脆的回聲，我的心幾乎要停止跳動了，蒼天不負有心人呀，就這麼簡單，我在磚窯裡找到了成都女孩的紅色小火車。

你們以為我會拿著小火車去衛生院找何醫生？不，要是那樣也就不會有以後的故事了。坦率地說我根本就沒想物歸原主，我當時只是發愁怎樣把小火車帶回家，不讓任何人發現。我想出了一個辦法，把汗衫脫下來，又掰了一堆玉米，我用汗衫把玉米連同小火車包在一起，做成一個包裹，提著它慌慌張張地往家裡走。我從來不像鎮上其他的男孩一樣光著上身，主要是母親不允許，所以我走在小街上時總覺得所有人都在朝我看，我很慌張，確實有人注意到了我的異常，我聽見一個婦女對另一個婦女說，熱死人的天，連李老師的孩子都光膀子啦。另一個婦女卻注意到了我手中的包裹，她說，這孩子手裡拿的什麼東西，不會是偷的吧？我嚇了一跳，幸虧我母親在鎮上享有美好的聲譽，那個多嘴的婦女立刻受到了同伴的搶白，她說，你亂嚼什麼舌頭？李老師的孩子怎麼會去偷東西？

我的運氣不錯，母親不在家，所以我為小火車找到了安身之處，不只是床底下的雜物箱，還有兩處作為機動和臨時地點，一處是我父親留在家裡的軍用棉大衣，還有一處是廚房裡閒置不用的高壓鍋。我藏好了小火車，一直坐立不安。我發現了一個問題，就是那把擰發條的鑰匙，譚峰肯定是把它藏在身邊了。我得不到鑰匙，就無法讓小火車跑起來，對於我來說，一輛不能運動的小火車起碼失去了一大半的價值。

我後來的煩惱就是來自這把鑰匙。我根本沒考慮過譚峰回家以後如何面對他的問題。我每天都在嘗試自己製作那把鑰匙，有一天我獨自在家裡忙乎，在磨刀石上磨一把掛鎖的鑰匙，門突然被誰踢開了，進來的就是譚峰。譚峰站在我的面前，氣勢洶洶地瞪著我，他說，你這個叛徒，內奸，特務，反革命，四類分子！我一下子亂了方寸，我把掛鎖鑰匙緊緊地抓在手心裡，聽憑譚峰用他掌握的各種詞彙辱罵我，我看著他的那隻被白布包得嚴嚴實實的左手，一種負罪感使我失去了還擊的勇氣。我保持沉默，我在想譚峰還不知道我去過磚窯，我在想他會不會猜到是我去磚窯拿走了小火車。譚峰沒有動手，可能他知道自己只用一隻手會吃虧，所以他光是罵，罵了一會兒他覺得沒意思了，就問我，你在幹什麼？我還是不說話，他大概覺得自己過分了，於是他把那隻左手伸過來讓我參觀，他說，你知道綁了多少紗布，整整一卷呢！我不說話。譚峰就自己研究手上的紗布，看了一會兒他忽然得意地笑起來，說，我把我老子騙了，我哪兒是用左手拿東西，是右手嘛。他向我提出了一個問題，喂，你說燙左手合算還是燙右手合算？這次我說話了，我說，都不合算，不燙才合算。他愣了一下，對我做了個輕蔑的動作，傻瓜，你懂個屁，右手比左手重要多了，吃飯幹活都要用右手，你懂不懂？

譚峰回家後我們不再在一起玩了，我母親禁止，鐵匠夫婦也不准他和我玩，他們現在都把我看成一個狡猾的孩子。我不在乎他們對我的看法，我常常留心他們家的動靜，是因為我急於知道他是否去過磚窯，是否會懷疑我拿了那輛紅色小火車。

那一天終於來到了。已經開學了，我被譚峰堵在學校門口，譚峰的模樣顯得失魂落魄的，他用一種近乎乞求的眼神盯著我，他說，你拿沒拿？我對這種場景已經有所準備，你不能想像我當時有多麼的冷靜和世故，我說，拿什麼呀？譚峰輕輕地說，火車。我說，什麼火車？你偷的那輛火車？譚峰說，不見了，我把它藏得好好的，怎麼會不見了呢？我告誡自己要冷靜，不能提磚窯兩個字，於是我假充好人地提醒他，你不是放在老張家的豬圈裡了嗎？譚峰朝我翻了個白眼，隨後就不再問我什麼了，他開始向操場倒退著走過去，他的眼睛仍然迷惑地盯著我，我也直視著他的眼睛，隨他向操場走去。你肯定不能相信我當時的表現，一個八九歲的孩子，會有如此鎮定成熟的氣派。這一切並非我的天性，完全是因為那輛紅色的小火車。

我和譚峰就這樣開始分道揚鑣，我們是鄰居，但後來雙方碰了頭就有一方會扭過臉去，這一切在我是由於一個沉重的祕密，在譚峰卻是一種創傷造成的。我相信譚峰的左手包括他的內心都遭受了這種創傷，我得承認，那是我造成的。我記得很清楚，大概是在幾個月以後，譚峰在門口刷牙，我聽見他在叫我的名字，等我跑出去，他還在叫我的名字，但他並不朝我看一眼，他在自言自語，他說，郁勇，郁勇，我認識你。我當時一下子就鬧了個大紅臉，我相信他掌握了我的祕密，讓我納悶的是自從譚峰從醫院回家，我一直把小火車藏在高壓鍋裡，連我母親都未察覺，譚峰怎麼會知道？難道他也是憑借靈感得知這個祕密嗎？

說起來可笑，我把小火車弄到手以後很少有機會擺弄它，更別提那種看著火車在地上跑的快樂了，我只是在確保安全的情況下偶爾打開高壓鍋的蓋子，看它幾眼，僅僅是看幾眼。你們笑什麼？做賊心虛？是做賊心虛的感覺，不，比這個更痛苦更複雜，我有幾次做夢夢見小火車，總是夢見小火車拉響汽笛，夢見譚峰和鎮上的孩子們迎著汽笛的聲音跑來，我就被嚇醒了，我知道夢中的汽笛來自五里地以外的室成鐵路，但我總是被它嚇出一身冷汗。你們問我為什麼不把火車還給譚峰？錯了，按理要還也該還給成都女孩，我曾經有過這個念頭，有一天我都走到衛生院門口了，我看見那個女孩在院子裡跳橡皮筋，快快活活的，她早就忘了小火車的事了。我想既然她忘了我還有什麼必要做這件好事呢？我就沒搭理她，我還學著譚峰的口氣罵了她一句，豬腦殼。

我很壞？是的，我小時候就壞，就知道侵吞贓物了。問題其實不在這裡，問題在於我想有這麼一個祕密，你們替我想想，我怎麼肯把它交出去？然後很快就到了寒假，就是那年寒假，我父親從部隊退役到了武漢，我們一家要從小鎮遷到武漢去了。這個消息使我異常興奮，不僅因為武漢是個大城市，也因為我有了機會徹底地擺脫關於小火車的苦惱，我天天盼望著離開小鎮的日子，盼望離開譚峰離開這個小鎮。

離開那天小鎮下著霏霏冷雨，我們一家人在汽車站等候著長途汽車。我看見一個人的腦袋在候車室的窗子外面閃了一下，又閃了一下。那是譚峰，我知道是他，但我不理他。是我母親讓我去向他道別，她說，是譚峰要跟你告別，你們以前還是好朋友，你怎麼能不理他？我只好向譚峰走過去，譚峰的衣服都被雨點打溼了，他用那隻殘缺的手抹著頭髮上的水滴，他的目光躲躲閃閃的，好像想說什麼，卻始終不開口，我不耐煩了，我轉過身要走，一隻手卻被拉住了，我感覺到他把什麼東西塞在了我的手裡，然後就飛快地跑了。

你們都猜到了，是那把鑰匙，紅色小火車的發條鑰匙！我記得鑰匙溼漉漉的，不知是他的手汗還是雨水。我感到很意外，我沒想到會有這麼一個結局，直到現在我對這個結局仍然感到意外。有誰知道譚峰是怎麼想的嗎？

朋友們中間沒人願意回答郁勇的問題，他們沉默了一會兒，有人問郁勇，你那輛小火車現在還在嗎？郁勇說，早就不在了。到武漢的第三天，我父母就把它裝在盒子裡寄給何醫生了。又有人愚蠢地說，那多可惜。郁勇笑起來，他說，是有點可惜，可你怎麼不替我父母想想，他們怎麼會願意窩藏一件贓物？他們怎麼會讓我變成一個小偷？

與作者較勁——

以翻譯小說〈賭注〉引導為例

與作者較勁
——以翻譯小說〈賭注〉引導為例

說到賭博，無庸置疑，這就是話題了。

余華的小說《活著》，語言簡潔好讀，適合青少年以上階層。這本小說描述有位富家公子福貴，好賭成性，命運與他的名字大相逕庭，把家產都賭光了，從此一生跌宕起伏，雙親與兒女皆離開人世，在厄運中賭一口氣活下來。這本著作改編成電影，無論小說或電影，都呈現人與時代命運的糾葛。

如今人的遭遇少有《活著》的劇情起伏，大賭傷身出現在新聞中，小賭怡情則在街頭上演。過年時，彩券行的人氣很旺，不少人相聚同樂，用小鐵圈刮掉刮刮樂的塗膜，或買彩券試試運氣。數學老師很精確告訴學生，要中大獎的機率很低，大概就像吃牡蠣能啃到珍珠，但是誘人之處是數學老師下課後也想試手氣。為何仍有不少人相信，運氣將落在頭上，出門就中，像裝了最先進導航科技的鳥屎。這可能是台彩每次公布由哪個彩券行售出頭獎之後，買者會被形容為穿布鞋、騎摩托車的平民——嗯！這看來像自己脫魯前的樣子。

賭博是人類群居的重要活動，按照一套規則，快速從別人取得資源。從早年香港六合彩延伸而來的「大家樂」，到政府主持的威力彩；從巷子口攤販的丟骰子，到過年家庭的衛生麻將，社會瀰漫「賭氣」。即便不是深陷在這套陷阱，也會聽聞這些訊息。

所以，在閱讀與寫作課堂，我問底下一群約十一歲的學生，大家是否曾賭博過？比如跟他人打賭，或玩撲克牌之類的經驗？班上孩子都好可愛，誠實以告，幾乎都有賭博經驗。除了和同儕打賭之外，還有與人玩桌遊、撲克牌、麻將之類，甚至牌九，這個結果讓我大吃一驚，但也是社會氛圍所致。

大部分孩子，多半在過年期間賭博，都有贏錢與輸錢的經驗，談起贏錢經驗，不諱言非常「爽」；說到輸錢經驗，有的孩子很痛苦，有的孩子則雙手一攤沒太多感覺。

當我仔細問及輸贏錢的細節，孩子們多半激動分享，彷彿剛剛經歷完一場賭博。這是我要進入此主題前的體驗，藉由個人的生活細節，帶入到小說主題的進行與討論。

我這次要進行的，是福克納的小說〈賭注〉。

熟練說故事的技巧

福克納的〈賭注〉選於《世界文學獎小說選》，此書是「六一二大限」（一九九四年六月十二日）之前，台灣尚未加入國際版權組織的翻譯書。該書〈賭注〉作者題為福克納（William Cuthbert Faulkne,1897－1962），可能是誤植，以規避版權或相關問題。福克納是美國文學歷史上最具影響力的作家之一，融入意識流或獨白手法，文學成就高，於一九四九年獲得諾貝爾文學獎。但是當我重新整理此篇，遍尋福克納的英文作品集，就是找不著〈賭注〉原著。那怎麼會有中文翻譯？真是令人費解，或許有心的讀者可以幫我解惑。

令我汗顏的是，這個故事我講了十幾年，從來沒有考證此篇是否為福克納所創作。但是此文適合兒童閱讀，凡是經由課堂引導，學生幾乎愛不釋手。這次藉由甘耀明之手重新整理小說，呈現於本書中，以饗讀者。

熟知我教學脈絡的人，可從我的著作《作文，就是寫故事》可略知，講故事是我心法。我常調整原著小說的場景與氣氛，融入我的成長環境。一來，從自身成長的經驗較容易切入；二來，我常用「我」這敘事人稱講故事，孩子很容易貼近。比如藉由蘇童的〈小偷〉，透過提問與對話引導，引領學生分享經驗，我再分享自己經驗，一再透過「講故事的文本」，在文本的縫隙中對話，並且在懸念處戛然停止，最後孩子亟欲進入原著閱讀。

讀者若對照了蘇童的〈小偷〉，會發現我融入個人經驗與修辭部分頗多，我過渡〈小偷〉劇情，再行創作成個人風格的「講故事文本」。原著只不過是我說故事的樹幹，我在細節添加了不少綠葉，枝繁葉茂，將〈小偷〉擴張了甚多。

若是不以擴張的方式，直接進入經典文本，也是我的技巧之一，孩子也很進入，端看文本的難易與個人喜好。無論如何，這些方式沒有優劣，只有使用得熟練與生疏，熟能生巧而已。

這篇要談的文本是：〈賭注〉，我聚焦在文本的故事，並非擴張講故事，討論的焦點有別於敘事、觀點與生命體驗，主要是以提問激發孩子的創造力。如此脈絡分明的提問，是透過不斷的師生對話，與孩子腦力激盪，讓孩子與創作者較勁兒。

閱讀前的提問與對話

回到課堂現場，我問了孩子幾個日常經驗中，有關小賭的經驗，大家熱絡分享。接著我進入與〈賭注〉文本有關的提問，關鍵是提問與他們的生命情境連結一塊。〈賭注〉的女主角馨儂最大的痛苦是，她所深愛的男主角山姆，是個不折不扣的賭徒。

於是我問及：「孩子們，你們未來的另一半，若是個賭徒，你會和他（她）結婚嗎？」

絕大多數的孩子，都持否定的意見：「絕對不會嫁（娶）賭徒。」原因是沉溺賭博，絕對不是好事情，社會上有太多前車之鑑了。

也有孩子說，「那要看看他是不是很會賭？如果很會贏錢，也許會答應結婚。」

我順著話題，問：「好的，如果有位十賭九贏的人，又具有各方面你喜歡的條件，你會考慮和此人結婚嗎？」

未料此問題一問，大部分孩子仍舊不願意。少部分孩子陷入考慮，但仍幾乎甚少人願意，包括那些提出「很會贏錢」就考慮結婚的學生，在一番深思熟慮之後，最後持否決立場。

我好奇他們理由是什麼。

多半學生的理由：「十賭九輸，如果輸的那一次便傾家蕩產了，那不就糟糕了！」

原來這些孩子們對賭徒的認知，仍舊令人安慰呀！

我再次加碼了賭徒的優勢：「如果十賭十贏，就是每賭必贏呢？他也具有各方面你喜歡的條件，你會考慮和此人結婚嗎？」

僅有少數的學生答應！有趣的現象是，大部分的學生並不答應。理由呢？

「靠賭博賺錢，是不正當的工作。」

「賭博賺錢這件事，感覺怪怪的……」

「雖然都贏錢，但是賭博是投機的事業……」

「都賭贏別人的錢，別人的家庭都破碎了，妻離子散……」

「賭博賺來的錢，一定不會珍惜，可能會生活奢侈，還會養小三……」還真不能小看他們。這些理由都甚可愛，可視為孩子們對賭博的見解，可見他們對賭徒的觀感不佳，認為賭博是「不勞而獲」的投機行為。

問完這問題，我從此處進入故事……

故事開講了……

孩子們，你們大部分人的意見，以及對賭徒的不信任感，跟福克納小說〈賭徒〉的女主角馨儂，有一模一樣的看法，她就是不願意嫁給賭徒。很不幸的，偏偏她的男朋友山姆，卻是個不賭博會死的人。

馨儂苦勸過山姆多次，軟的硬的都用盡了，但是山姆就是改不掉。最後馨儂決定退回訂婚戒指，要和山姆分手了。

分手的那天，已經接近傍晚，這顏色如同馨儂的心情，她悲傷說，「人們說你是天生的賭徒，甚至可以和撒旦打三個賭，而且一定不會輸。但很不幸的，今天你我都輸掉了婚姻……」

馨儂就此離去了。山姆再也喚不回馨儂，轉身離開這個分手之地，就在此時山姆看見一個侏儒，白髮蒼蒼模樣，朝山姆微笑著走來。山姆剛剛沒看見這老人，分明只看見遠方的一棵大樹矗立，怎麼瞬間成了一個侏儒老者呢？

正當山姆思索之際，侏儒老人微笑，說：「我敢打賭，你不認識我。」

這侏儒老人跟山姆打賭耶！那正是山姆最喜歡的把戲：賭。

你們知道這老頭是誰嗎？

所有的孩子幾乎異口同聲說，「撒旦！」

我很好奇的說，「你們怎麼知道是撒旦？」

孩子說，「你前面有說呀！山姆跟撒旦賭博會贏！」

我反問孩子們，「那也不能說明，侏儒就是撒旦呀！」

未料孩子紛紛回答，「故事都是這樣安排的呀！」

可見孩子們對於故事結構，有一定通俗的了解。這樣的文學技巧稱為「伏筆」，古人稱「草蛇灰線」，也就是作者設下了線索，暗示故事可能的發展。孩子在小說浸潤久了，能掌握此技巧。

是呀！山姆也是這樣認為，他對侏儒老人說，「我願意用身上所有的錢，跟你打賭一塊錢，你就是撒旦。」

我稱讚孩子們，「想不到你們這麼厲害，竟然和作者想的一樣！」

孩子們得意的說，「當然囉！想也知道！」

我故作玄虛的說，「但是，事情沒那麼簡單，你們要如何證明呢？因為侏儒老人也這樣說：『也許你猜對了！如果這是事實，我就欠你一塊錢。不過，我下另外一百塊的注，賭你無法證明我就是撒旦。』」

我詢問孩子們，「你們如果是山姆，你要如何證明呀！」在這我必須再次說明我對〈賭徒〉操作的脈絡：**透過提問與對話，與孩子腦力激盪，並與原著較勁兒。簡單說，是與孩子創造故事的多線發展，這與〈小偷〉著重與孩子的生活經驗連結，有著不同。**

山姆如何證明，侏儒老人是撒旦？這個問話具邏輯思辨，激起孩子的挑戰欲望，紛紛思索山姆如何證明。

最多孩子的證明是：「侏儒老人已經說『如果這是事實』了呀！那不就自己承認了？」

我挑戰孩子：「那只是老人的假設，但並不能證明，他就是撒旦呀！」

多數孩子的理由，都無法有嚴密邏輯思維，輕易的被我，或被其他同學否定了。有趣的是，孩子並不希望我攤開答案，他們一再嘗試解答。這讓我感到很欣慰，因為他們在創造故事，或學習思辨。

孩子的眾多答案之中，有的與原著的設計不同，但邏輯合理，比如：「山姆拿出十字架，如果侏儒是撒旦，侏儒就會逃走了……」

這個具有合理邏輯的答案，讓我非常讚嘆。

驚人的是，每五十個孩子左右，會有一、兩位的答案貼近了原著，「拿刀殺侏儒！」或者「拿棍子打侏儒！」因為撒旦不怕被打死，也不會被打死呀！撒旦是地獄之王。

山姆的確如此，拿起了一根大棍子，朝侏儒身上打去。

侏儒老人怒不可遏，咬著牙說：「好呀！你果然是個厲害的賭徒，但是別忘了跟撒旦賭博，要賭三次才行，而且要全贏，只要輸了一次，就會被撒旦帶到地獄。」

侏儒老人繼續說，「聽好了，山姆，最後一個問題，我要增加賭注了。這一次我賭你的靈魂，如果你又贏我一次，我就將身上所有的錢給你，如果你輸了，靈魂就跟我去地獄吧！」

山姆這時喊，「等一下！這樣不公平！」

侏儒老人還沒意會過來。山姆則說了理由，「剛剛你出了兩個題目，現在第三個題目，應該換我出了吧！這樣才公平！」

侏儒老人笑著，說：「這樣算合理，你別忘了撒旦無所不知，無所不能！你出題吧！」

山姆會出怎樣的題目呢？

關鍵來了……

在故事中玩邏輯

「到底山姆出了什麼題目，才確保自己穩贏呢！」我問孩子，但是在孩子們回應我解答之前，我先給他們提示。這提示其實和文本無關，只是要孩子動動腦筋，投注更多腦筋急轉彎似的思索，激發創造力。因為這個故事，就在玩邏輯的益智遊戲中開展。

我給孩子的提示，如下：

我童年看過蝙蝠俠卡通，裡面永恆的壞蛋是「小丑」。

小丑每次都「邪不勝正」，被正義的蝙蝠俠給逮到了。有一次蝙蝠俠又逮到小丑了，嘲笑小丑是個笨蛋，怎麼連逃跑都不會呢？

小丑很不服氣的說，「那是因為我的運氣太壞了！」

蝙蝠俠堅持小丑是愚蠢，才被逮捕，不是運氣太壞所致。他為了證明小丑的愚蠢，提了一個賭注，如果小丑贏了，立刻放了他。蝙蝠俠的題目是：「我可以在十分鐘內，讓你說出某個字！如果你說出來，就代表你是笨蛋。來玩這個賭注怎麼樣？」

小丑嗤之以鼻的說，「你當我白痴呀！我是不會輸的。要是輸了，我就自認是徹底的白痴了！哈哈哈……」

蝙蝠俠說，「很不幸的，這問題會證明你是白痴呀！聽好問題了，我十分鐘之內，就能讓你說出『紅』色的『紅』字！」

小丑不屑的說，「太簡單了，放馬過來呀！」

蝙蝠俠問了，「你最喜歡什麼顏色！」

小丑說，「黑色！怎麼樣？」

蝙蝠俠說，「紅綠燈有哪三種顏色？」

小丑嘴角抽動的說，「廢話！有綠色、黃色，還有白色！哈哈哈！白痴！」

蝙蝠俠很鎮定的說，「你輸了！」

小丑生氣的說，「為什麼我輸了？」

蝙蝠俠說，「你說出『白』這個字了！」

小丑跳起來說，「你剛剛明明說是『紅』，怎麼變成『白』字了？」

蝙蝠俠呵呵大笑，說：「是呀！你現在已經說出『紅』這個字了！這個白痴呀！哈哈哈……」

這個插曲小故事，讓孩子們樂不可支，哈哈大笑的說，小丑真是白痴。

我提示了蝙蝠俠的故事，通常孩子們會朝向這個思維裡設題，我提醒孩子們，那只是我的舉例，一個小暖場，並非朝向這個形式思索。當然，如果課堂時間允許，可以講「誠實村與說謊村」故事，這也是引導出邏輯思維的方式。這提示會愈來愈接近〈賭注〉裡，山姆對撒旦的提問。

「誠實村與說謊村」的故事已廣泛運用在電影或其他課程，題目是：一條大路在某個點岔了兩條小路，一邊通往誠實村，一邊通往說謊村。誠實村的人永遠都說實話，說謊村的人永遠說謊。A要去誠實村，這時正好路人B已經來到了大馬路上，不曉得他來自哪邊，也無法判斷他是哪村的人。請問，A如何向B「只問一句話」情況下，就能找到通往誠實村的小路。

解答大約是這樣問話：「你住的村莊往哪一條路走？」誠實村民會指出誠實村的路；說謊村民會說謊，也指向誠實村的路。這邏輯思維令孩子腦力激盪，撩動神經思索，如何琢磨解答。「誠實村與說謊村」的例子很有名，來源可能要歸功於Raymond Smullyan（1919－2017）的「武士與無賴謎題」邏輯思維，武士說實話，無賴說謊，問路者如何獲取情報。

Smullyan多才多藝，身兼謎題大師、魔術師、哲學家、邏輯學家，同時熱愛音樂而學鋼琴與小提琴。Smullyan有個軼聞盛傳，某次他在音樂會上，認識一位迷人的女性小提琴家，傾倒她的石榴裙下。音樂會後，兩人之間有了一場風趣的邏輯對話。

Smullyan說：「我們打個交道吧！要是我先說了一句話，這句話是關於妳心中的真心話，妳就給我妳的聯絡電話。」

「好呀！」女小提琴家樂於挑戰。

「當然，如果我說的不是妳心中所想的，妳就不用給了。」

「請說吧！」

「妳既不會給我聯絡電話，也不會給我一個吻。」

稍微停留在這句話思考，會發現充滿機智，使女小提琴家陷入兩難，說「對」

與「錯」都掉進圈套，都得奉上聯絡電話，便折服他的機敏。Smullyan最後贏得美人心，兩人還步入了婚姻禮堂。

以「蝙蝠俠與小丑」的故事暖場，孩子們當然無法猜出答案，但是他們拚了命的思索，想要嘗試命中題目。如果講到了「Smullyan與女提琴家」逸趣，則貼近了〈賭注〉山姆的第三個提問，這會暗示孩子答案的走向。

有些孩子甚聰明，提出和作者不同的解答，但是都指向同樣的結果。

比如孩子們說，「我賭你不敢和我上教堂！」

這個設題抓住撒旦的弱點。福克納在原著〈賭注〉的設題是：「我賭你不想讓我贏……」

如果撒旦回答願意，山姆就贏了賭注。假如撒旦說不願意，那麼山姆也就理所當然贏了。

山姆說：「我賭你不想讓我贏。」

撒旦生氣的撂下狠話：「卑鄙的山姆，你果然是個狡猾的賭徒，你給我聽清楚！從今以後，我發誓你賭錢別想再贏！若是你贏的話，我地獄之王的位置，就讓你來當吧！」

撒旦說完，化作一陣煙離開了。

孩子們莫不驚訝，覺得這個題目很刁鑽，真是下流的賭徒呀！但是卻又無可奈何。

山姆該怎麼辦呢？

山姆在一天之內，既和未婚妻分手，又贏了撒旦的三次賭注，這不禁讓山姆覺得奇幻，回家倒頭睡到天明。

一早起床之後，山姆暈暈沉沉的，早忘了前一天遇見撒旦的事了。身為一個賭徒，一早起床要做什麼呢？

（孩子們紛紛脫口而出，「賭博！」）

是呀！山姆去賭馬了。

山姆連續下了幾注，竟然都輸掉了，這在以往是從未發生呀！山姆是十賭九贏的賭徒呀！為此他猛想起撒旦的詛咒。

山姆想要證實詛咒的真偽，跑去馬廄找清道夫，跟清道夫打賭，以一千元打賭對方的一元，下賭的條件是：「此刻正跑在最後一名的馬，絕不可能得到第一。」

清道夫認為山姆瘋了，那隻駑馬掛車尾了，當然不會奪冠。孰料清道夫勉強答應之後，墊底的馬兒，被地府來的小鬼鞭策，竟然飛奔衝過終點，得到第一名了。

清道夫驚訝的問山姆，「難道你早知道結局了？」

山姆丟給清道夫一千元，說：「我是賭徒耶！會故意輸錢給你嗎？」

山姆揮一揮手離開了，並確認了撒旦的詛咒了。

山姆如何是好呢！要用怎樣的邏輯語言陷阱，打敗撒旦？

孩子紛紛獻計了，丟出天馬行空的想法，從如何考驗地府小鬼的能力，到如何玩弄下賭的語言伎倆。這其中的關鍵是，利用下賭的說詞，形成矛盾難解的陷阱，比如到了後頭，有學生說：「先跟A賭某一匹馬X贏，再跟B賭那匹馬X不會贏！」

孩子們的邏輯清楚，看樣子一下子就能破解了。未料撒旦勢力龐大，這場比賽立刻因中途下雨，因而中斷賽事，賭注也因而不算數了。

山姆該如何是好呢？

孩子們繼續獻策，跟山姆有相同心思，幾乎都被我打了回票。撒旦使出的詭計：若不是所有的馬兒，一起回到終點；就是所有的馬兒一起消失；或者一棵樹倒下來，讓比賽終止了。

山姆該怎麼辦呢？

隨著故事的進展，孩子不斷丟出計謀，這是一場鬥智的遊戲，賭徒的機智與撒旦權力之爭。正如同故事中的山姆一樣，撒旦永遠略勝一籌，孩子往往無計可施，走到了山窮水盡的地步。

有的孩子說，乾脆戒賭了吧！跟馨儂結婚去！

也有人說，跟撒旦認輸吧！

甚至有人說，當撒旦的副手吧！

孩子思索更多的計謀，其實不只與撒旦對抗，也是與作者鬥智，這牽涉到如何創造一篇有別於原著的構思。有不少孩子破解了，他們點出作者刻意閃避盲點，以製造戲劇衝突，卻與故事原有的邏輯不同，於是賭徒的意志與聰明，終會戰勝了撒旦的魯莽。所謂盲點就是，撒旦得權衡得失，到底「不給山姆贏錢」還是「不給山姆『賭贏』」重要，但是他選擇後者而讓山姆有了發揮空間。比如山姆早上起來說「賭我今天不會贏一百萬」；去彩券行選了號碼，說「我賭這張不會贏頭彩一億元」。狡猾的賭徒太聰明，勝過撒旦的算計。

這些十餘歲的小孩能有此想法，厲害不過，彷彿透過〈賭注〉與福克納進行一場美好的對話。這些腦力激盪，看似在玩解謎的遊戲，其實蘊含著讀者與作者的角力。我則透過這有趣的文本，和孩子們對話，「玩」小說。

如何帶領孩子閱讀經典？當孩子迷失在流行文化的潮流，失去羅盤，只能從眾的閱讀輕小說。或是孩子閱讀一本經典書，即使此書非常精彩，孩子卻匆匆閱讀完畢，多可惜呀！在大量資訊與刺激充斥的現代，一本書能為孩子留下什麼？這顯得大人有意識的推介與引導，是多麼重要。

當今的孩子資源太多了，閱讀廣泛，有的像《神隱少女》的無臉男在湯屋囫圇吞食的飢渴。這恰好與我成長的環境相反，那年代的孩子同樣對於故事與知識飢渴，但缺少資源，一本書可以反覆閱讀一百遍，不時的細讀、討論、咀嚼，時時沉澱，常常浮想聯翩的添加新情節，經典便在腦袋生根，對往後人生發酵。

閱讀多以娛樂為主，享受情節。即便孩子翻閱經典，一旦進入情節，閱讀過程不可能停頓，多半急著進入故事情節。因此，我以為大人引導閱讀，不只讓孩子親近經典，還要融入經典體驗，在經典中討論與對話，方能使閱讀發揮更大的力量。於是，透過對主題與故事的對話，成了我引導孩子入經典的主旋律，或許是跟我童年將一書翻遍百回而不倦，細細精讀的精神銜接吧！

回到這篇故事，那麼受詛咒的山姆該怎麼辦？才能走出困境，走出一條成功的路呢？作者會如何安排結局呢？

我的口述故事與對話，在此處停止了。

我邀請孩子們，簡單的寫下他們想像的故事結局，再與原著結局比對。兩相較量，看誰的比較精采。

我記錄了幾位同班孩子的結局，呈現十一歲孩子的創意與想像，天真且單純：

●山姆最後去找上帝幫忙，最後把撒旦打敗了。

●山姆受不了賭博一直輸，最後自殺了。

●山姆因為受不了撒旦的折磨，最後錢都輸光光了。馨儂知道了，就和山姆結婚了。

●他故意死掉，跑去地獄找撒旦理論，但是跟撒旦每天賭博，這樣生活比較有樂趣。

●山姆給旁人很多錢，請他們去拜神，求神讓山姆賭贏。山姆會發動多人給神壓力，神便教訓撒旦。

●山姆跟別人打賭，馨儂不會嫁給他。這樣的話，撒旦就會讓山姆和馨儂結婚了。

帝打敗了。

●撒旦弄出很多怪事，人們都跑去信上帝了，撒旦的勢力就變小了，最後被上帝打敗了。

●山姆最後戒賭了，馨儂就願意和山姆結婚了。山姆不賭博更幸福，從此以後，過著幸福快樂的日子。

進入〈賭注〉閱讀

當孩子們寫完結局，我將原著發下去，邀請他們從頭開始專注閱讀，並且提醒孩子們，這篇小說的讀者群是成人，文字未必易消化。所以我邀請他們專注閱讀，看看作者寫的結局，與自己的結局哪個好。

所有的孩子專注閱讀。多虧前頭花時間的引導，並且針對故事進行大量對話，交流了彼此意見，孩子進入文本並不難。〈賭注〉篇幅近一萬字，我給半小時閱讀，看見孩子們很專注，我感到很欣慰。

看完〈賭注〉的孩子，往往心滿意足，覺得作者安排的結局，實在太有趣了，不乏激動喊讚。但值得注意的是，每個人的閱讀速度不同，針對較快讀完的孩子，我便給予練習題，邀請他們從文本尋找，比較「我的口述故事，與原著之間」有何出入，我口述所未能善盡的文學性，比如場景、氣氛、細節等，請孩子們以筆圈選出來。

隨時間漸長，他們發揮柯南破案精神，彷彿在玩「比照兩張圖片，找出幾處小不同」的遊戲，找出口述與原著之間區別，不斷指證我的「創作」，與原文有落差。比如山姆是拿粗荊條打撒旦，不是拿大棍子打。

我好奇的問，「兩者有差別嗎？也就是在故事裡，拿什麼器具打撒旦，會有不同的效果嗎？」

孩子很喜歡挑戰，不假思索的說，「當然有差別呀！因為大棍子很難拿，粗荊條是山姆隨身攜帶的……，不過，那大棍子很好笑啦！」

又比如，孩子找出敘事結構的不同，說：「阿建老師，你省略太多了，原著從『有人說，自從山姆與撒旦交鋒之後，世界的禍害便減少很多了。沒有人親眼目睹這場交鋒的過程……』開始，你不但沒有說這段，還從後頭說起。」

我口述故事，未必照情節講，不時調動原著結構，以做到現場氣氛。原著的開始以懸念手法經營，有些孩子未必當下了解，但漸漸能理解。我好奇問，「這樣子的寫法，和我的說法，你比較喜歡哪一個？」

孩子說，「故事寫得比較好！會吸引人看下去。」

孩子提問，引動彼此的回饋，同儕之間的對話於焉產生。甚至帶動更多同儕意見，如：「原著對山姆講得比較詳細啦！他不只是賭徒，他還是一個有把握才下賭注的人，他不盲目亂賭的；而且馨儂的爸爸也是賭徒。阿建老師，你這些都沒有講……」

我都會故意地問，「我沒有講這一段，有差別嗎？」

孩子往往會下意識的說：「有差……」

我好奇的往下問，「差在哪裡呀？」

孩子此時才紛紛思索，差在哪裡吧。

我的原意是從口述故事，引導孩子進入文本。未料孩子比較兩者之後，一面倒的認為原著較佳。這讓我從文本與口述之差，得到甚多的回饋樂趣，透過對話和孩子深入文本，帶給雙方甚多啟發。

每個生命都是獨一無二的靈魂，必須透過好奇與對話了解，這是我與此書同時出版的《對話的力量》所闡述的精神。偉大的小說家賈西亞．馬奎斯說：「每篇好小說，都是這世界的一個謎。」這句話饒富哲理。好小說與生命一樣，都是透過好奇與對話才能進入，是個謎，同時很迷人。至今我仍不確定〈賭注〉是否為福克納所寫，這是個謎。好的謎，會帶人歷經美好之路，這世界原本就是偉大的謎，人類才有動力探索下去。

不過有些事，不用解謎探索了。幾年下來，〈賭注〉名列小孩的最愛，甚至一年後的課堂，我仍看見孩子拿著原著小說閱讀，或在課堂上提及此篇小說的山姆與撒旦如何交鋒，影響力從來不墜呢！

賭注

——福克納

有人說，自從山姆與撒旦交鋒之後，世界的禍害便減少很多了。沒有人親眼目睹這場交鋒的過程，不過大家言之鑿鑿：自從那晚山姆贏了魔鬼三個賭注，人世間的災禍確實減少很多。

山姆，一個天不怕、地不怕的無賴漢，在美國土生土長，血管中流動的卻是愛爾蘭的基因。他身高六呎，肩膀寬闊，黑髮鬈鬈的，臉上老是掛著微笑。沒有人會相信的是，他雖然臂力很強、雙手很大，從小卻沒有做過正式的工作。這都是千真萬確的事實呢！因為山姆是賭棍。他從童年和同伴玩釘銅錢，或者耍任何的花樣，每一枚落進山姆掌心的銅錢都是賭來的。

如今，他三十歲了。

但是別誤認山姆是以賭為生，執迷不悟的賭棍。他賭博全憑直覺，只有在有把握時刻，或者事先聽到有利的小道消息後，才會下賭注。對他來說，下賭的刺激與樂趣，並不亞於贏錢，如果你平白送他一筆錢，他不接受——因為這筆錢到手，令他感覺無趣極了。他要享受自己贏錢的樂趣，假如賭輸了一筆大錢，他也不在乎，因為已經享受了賭博的刺激。

所以他的心上人——馨儂，堅決反對賭博。這對山姆來說，實在是一件可悲的事。說起來也難怪，因為馨儂已過世的爸爸，曾把賺來的錢，全部葬送在和山姆同樣的賭博娛樂上。馨儂的媽媽自然耳提面命的教導女兒，凡是哪位男人愛聽骰子滾動的聲響，或是看到賽馬衝刺到終點就心跳加快，絕對不要嫁給他。

嬌小玲瓏的馨儂，黑眼睛只有愛情的光芒，在他們相識的初期，她忽視了山姆的缺點，深信愛情會使他悔改；況且，山姆自己也答應過要改。但是山姆不吃飯還不會死，不賭錢，日子卻熬不下去——因為他的嘴巴一天不碰食物，還可以神情自在，毫不難受；然而二十年來，從來沒有過一天不跟人賭錢，不管下的賭注是如何的小。

因此，山姆時常羞愧的低頭，靜靜的聽馨儂哀求要戒賭，每當他答應改過自新，心中早就明白又要空口說白話了。終於，不可避免的時刻來到了，馨儂不再被愛情沖昏了頭，看清事實，山姆就是山姆，正所謂江山易改、本性難移，他不可救藥了。沒錯，她愛他，但是她這次的決心如金剛石一般，退回山姆給的訂婚戒指。那是他口口聲聲要戒賭時，她接受的愛情證物。

「我很抱歉，山姆。」那天傍晚，她把心中縈繞的話說出口了。

當時山姆正陪她穿過暮色籠罩的公園，緩步回家，這段話聽起來像喪鐘似的，響在他的耳畔。

「我很抱歉，」她的聲音哽咽，「山姆，我今天聽到人家提起你的名字。他們說你是天生的賭徒，即使和撒旦打三個賭，也不一定會輸。如果這是真的，我不能嫁給你了，除非你先戒賭，不然我不會改變主意了。」

山姆很清楚，唯有比愛情更強大的力量，方能阻止他繼續賭博，所以他默不吭聲，收回了戒指，獨自離去。他忍不住回頭，看了一眼，這回眸使他看見馨儂在流淚，可是表情冷漠。他能理解她為何提議分手，自己卻傷心極了，誰知道她對他愛賭的弱點小反感，如今會如此的強烈！

回家的路上，戒指放在口袋，他悲哀的摸著它。小小的戒環，觸手生涼，空空洞洞的金屬環像個「零」，這不就表明他能娶到馨儂的機率了。暮色瀰漫了公園，悄然無聲，平靜且詭異，好似有什麼東西強抑住一切。但是他全不理會，陷落在自己的思緒，慢吞吞的走回家。

當他走進一棵老橡樹的樹影——本來躺在走道上的，卻突如其來的幻化成教堂鐘樓那麼高的一根黑柱。接著，樹影迅速凝縮成一個慈眉善目、白髮蒼蒼的侏儒。

這位侏儒，突兀的出現在山姆眼前，穿著的衣服剪裁合宜，老式的披風掛在肩頭，白髮上戴了一頂柔軟的黑帽。他誠摯的向山姆微笑致意，說話聲音溫和又友善。

「晚安，山姆。」他的口氣像是久違的好友：「我敢賭，你不認識我。」

山姆的右手緊握了一根隨身攜帶的粗荊條，並不輕易落進圈套。他剛剛目睹橡樹影幻化成形，無論如何，這總是不太正常。

「嗯，」山姆勇敢的說：「我口袋中有一百塊錢。我願意全部拿來，賭你的一塊錢，你是撒旦。」

山姆的直覺一點也沒有錯。眼前的撒旦露出了不悅表情，蓋過了專為拜訪而掛上的慈祥面容。撒旦也聽到了那番談論——馨儂分手前講給山姆聽的話——這勾起了好奇心，前來領教山姆的勇氣和機智，因為身為魔鬼的他也酷愛賭博，雖然輸的時候，賭品惡劣至極。

一瞬間，撒旦不快的表情撤掉了，再次換上溫和的微笑。老紳士從披風中掏出一只鼓鼓的皮夾，那是革製品的。不過，這種皮革，山姆乍看之下，寒毛頓然直豎。

「也許我就是撒旦，山姆。」撒旦和藹可親的回答：「如果是，我就欠你一塊錢。不過，我再賭上一百元，賭你無法證明我是撒旦。」

撒旦樂得等待答覆，因為這個賭注在過去數十個世紀，難倒了無數優秀的哲學家。不幸的，山姆並非空口討論的哲學家，而且充滿行動力。

「你說了要算數。」山姆立刻同意，高舉他的粗荊條：「我要在你腦袋上狠狠的打幾下，假如你是誠實的老百姓，我就能搶到了你的皮夾，贏了賭注。假如你是撒旦，當然不肯眼睜睜的、平白無故讓一個凡人打你，這種好事平常只有你幹。所以囉……」

山姆不待撒旦回應，便把荊條擊打下去。

一縷硫磺火焰從橡樹心中爆出來，把山姆的荊條劈成碎片，飛滿了天空。山姆的手臂猛地一震，劇痛的感覺蔓延到了肩頭。他揉著自己的手腕，心中感到非常滿意。

但是撒旦不會善罷甘休，這個老人仍在怒火之中，搖晃身軀變大，身長拉拔到十二呎，比起方才和善的面貌，可怕上不知多少倍。

「你贏了，山姆。」撒旦酸溜溜的說：「別得意，還有第三個賭注！」

山姆知道這是慣例。一旦魔鬼現形之後，被盯上的凡人若要重獲自由，就非得贏到第三個賭注不可。

「我們這次要增加賭注了，」撒旦說：「這次用你的靈魂來賭我的皮夾，無論如何，你贏不走我皮夾裡的東西。」

山姆騎虎難下了，他只能賭下去，這賭局不賭不行了。

「算數。」山姆回答：「不過，這一次由我指定打賭的方式了。既然你已經指定過兩次，這次該輪到我了。」

山姆理直氣壯，撒旦雖然猶豫，也只能點頭答應。

「別慢吞吞，快講！」撒旦吩咐，他說話像是天邊隆隆的雷鳴。

「聽好了，」山姆掛上了得意的笑容，告訴他：「我賭：你不願讓我贏這個賭注。」

話還沒說完，撒旦暴跳如雷，變成巨大身軀，披風在天空飄揚，夜幕似的籠罩了整座城市。山姆機靈的抓住撒旦了，如果對方回答好，山姆能重獲自由的走開。假如撒旦說不，那麼山姆就賭贏了。

撒旦俯視著，惡狠狠的瞪住了山姆。

「好卑鄙的詭計呀！」撒旦大叫，聲音中充滿了憤怒，附近的摩天樓都為之震動了，為此次日的報紙上登載了一段地震的消息。撒旦大吼著：「聽清楚，山姆！從今以後，你賭錢別想再贏一塊錢了，我發誓要集合全地府的力量來和你作對！」

山姆仰起頭，望著撒旦，嘴巴張得很大，恐懼萬分。巨大的人影消失了，一陣熱風颮過山姆，烤焦了周遭樹木的綠葉。最後，他聽到遠遠的鏗鏘一聲，像鐵門關閉的聲音。

自此，萬籟俱寂。

山姆站在那兒，沉思了幾分鐘，發現自己仍不忘撫弄馨儂還給他的戒指。他笑起來，鬆了一口氣。

「天知道！」他高聲說：「我一定是頭腦發暈，站在這做了個噩夢，如果真的是夢魇的話，我看倒不如回家躺在床上的好。」

他趕忙回家去，途中稍事停頓，買了一張次日賽馬的節目單。

翌日早晨，山姆幾乎忘了昨晚遭遇撒旦的奇遇了，但是馨儂退回婚戒的那件事，卻異常清楚記得。金戒在他的衣袋中沉重不堪，心頭上也如此沉甸甸，好像壓了一塊石頭，以至於他研究賽馬的節目單，挑選馬匹選項下注的時候，鬱鬱寡歡。也許就是陰鬱作祟，使他挑選馬匹時猶豫很久。往常，他端靠直覺決定，下注非常迅速。今天，他考慮了很久才完成這件事，而且勉強滿意於自己的選擇而已。

早餐時，馨儂的俏麗面龐，浮現在他與咖啡杯之間。他趕緊草草了事，匆忙跳上公車，奔向賽馬場的懷抱。今天他渴望刺激的賭況，熱鬧的群眾，好把思緒遠離馨儂退婚的事情。尤其是看見票房前面擁擠的人群，當馬匹起跑時，賭客大呼小叫，以及終點衝刺時的驚心感受，非常符合他的胃口。

馬票塞在口袋，山姆和大家站在一起，觀看馬群的四蹄飛奔的時候，他覺得心情逐漸好轉了。等到自己下注的馬匹遙遙領先，更感到開心。突然間，怪事發生了，那隻自己下單的馬也許陷入了跑道的凹坑，也許是跨不開大步，也可能是欲振乏力了，總而言之，那匹馬愈跑愈慢，像被魔鬼拖住了牠的尾巴——為什麼山姆的腦海閃過這個恰當的譬喻，他自己也覺得怪——終於在終點衝刺時，以些微差距，失敗了。

山姆撕碎馬票，撒在空中。他並不洩氣，還有六場比賽呢！他知道，口袋中有的是錢。

第二場，他賭的馬一路領先，跑了四分之三，騎師摔下來。

第三場，騎師在最後的衝刺時，馬肚帶忽然斷了。

山姆輕輕的吹起口哨，心想怪了，實在太古怪，今天所發生的事，實在有點不尋常。

第四場，他選的馬跑錯了跑道，擋住後面馬匹的去路，失去資格。山姆的口哨愈來愈不成曲調了。他嗅了四周空氣，再深深的嗅了一下，錯不了，有一股氣息，一絲極淡的硫磺氣味。

第五場，山姆一言不發，買了一張二元的馬票。不幸的，馬票的命運不出山姆所料，他選的馬掉了一個蹄鐵，一跛一拐跑到終點，拿到最後一名。

山姆的口哨聲輕得幾乎快聽不見了。他走到調馬場，站在近處看工作人員遛馬，等馬走過來時，他狠命的嗅了一下——硫磺的氣息。

他慢慢的踱回看台，在開賽前數分鐘，拚命苦思對策。他的口袋一小時前是鼓鼓的，現在已經癟下去了，愁雲布上了山姆的額頭。

這次，他不買票，找到一個沒有深交的朋友，耗在他身邊。六匹馬繞過四分之三的賽程，即將奔回終點，這時的第一匹到最後一匹馬，幾乎相差了四十個馬身。

「十塊錢。」山姆猝然對朋友開口：「我賭你口袋的一角錢，七號馬肯定贏不了。」

朋友古怪的看了山姆一下，心想七號馬是殿後的，落後了四十個馬身，而且愈跑愈糟，凡人一眼就看出贏不了。他怕山姆瘋了。

「加碼到二十元，」山姆說：「賭你五分錢！」

這真是難以推辭了，朋友點點頭。

「好。」朋友同意了。他的話還沒說完，七號馬風馳電掣的奔起來。驚惶失色的騎師伏在馬鞍上，抱住了馬頸，差一點被極為強勁的氣流吹落地。牠四蹄騰空，彷彿駕了雲霧，以不可思議的速度，衝出了四十個馬身的間隔，趕上前面的馬匹群，與領先的馬並駕齊驅。最後，在終點前不遠處，四蹄輕躍，不可思議的摘下了冠軍。

觀眾看呆了，忘了歡呼，也沒有喧嚷，裁判們面色凝重的召集緊急會議。可是，他們從七號馬的配備中找不出弊端，沒有任何不合法的機關或電池。

這場的出賽成績最後公布了。

在揶揄聲中，山姆付出了二十元。朋友好奇追問，但山姆無心交談，他走開了，找了座位坐下，再三的仔細思索，今天所發生的一切事情。

這無法懷疑了，昨晚他的「噩夢」並不是夢。公園中碰見的老人，的確是撒旦，而且撒旦在進行復仇計畫了。山姆左思右想，就是記不起歷史上有過哪位鬥贏了撒旦以後，未曾遺恨終生的人。他想，他大概也不能例外。

撒旦明知賭錢是山姆的命根子，也是飯碗。如果山姆不能再贏錢——想到這兒，他不禁嚥下一口口水——不僅失去了馨儂，還得被迫依靠雙手工作，以勞碌的方式來糊口度日。

平心靜氣的尋思一會，山姆仍想不出什麼良策，正當末場賽馬鐘響之前，山姆跳起身來，樂觀的數了一下口袋中的錢，除掉回程車資，恰好有十四元，可買七張二元的賭馬票——最後一場剛巧是七匹馬的競賽。

山姆買了七張贏票，每匹馬各一張。他笑一下，深信已立於不敗之地了。現在，他心中自言自語，看魔鬼撒旦如何不讓他贏錢。他面露喜色，眼看七匹馬好端端的跑起來了。

跑了一半，情況和平日並無不同，跑了四分之三圈，仍無意外發生。山姆又暗笑了一下，如果這場馬賽中，他贏了獎金，意味著撒旦輸了。那麼，加在山姆身上賭錢必輸的詛咒自然也失效了。

但是，山姆得意得太早了。當七匹馬繞過圈來，直奔終點的時候，蔚藍的天空驀的湧出一塊大烏雲，雲中劈下眩目的閃電，直擊在終點附近的老榆樹，霹靂聲巨響快震聾了附近的觀眾，只見榆樹晃了幾下，嘩啦啦倒在跑道上。多虧七位騎師及時勒住了馬匹，才沒有被壓死。

說來就來，說走就走，烏雲一眨眼不知去向了。

毫無疑問，末場馬賽不能分派獎金了。觀眾驚慌失措，嚇得靜默；山姆也嚇得目瞪口呆，認定這絕對是撒旦作祟，沒有什麼好說的了。賭場辦事員趕緊宣布停賽，而且將門票悉數退還觀眾。山姆取回了退款——不過，並非贏來的，他把鈔票塞進口袋，喪氣的走回家去。他很明白，魔鬼撒旦做到了他的誓言——山姆今後別想再贏到一分錢了。既然撒旦動員了地府中如恆河沙數的鬼眾，前來收拾他，山姆實在想不出妙計抵擋了。

但是我絕不是一個懦夫，山姆想。儘管撒旦派了鬼群來和他作對，山姆還是不願就此洗手戒賭，而遷就正業。所以，往後的日子，山姆仍意志堅定好賭，絕對不放棄任何能賭贏的機會。因此，他的舉止也自然成了地獄的鬼群所關心的主題。

撒旦和山姆那次歷史性的交手以後，隔兩星期的某個下午，魔鬼忽然記起了這件事，伸手按了一下電鈴，召見他的幕僚長，詢問近況。他的幕僚長正在私人的實驗室，聚精會神進行一項精細的實驗，創造嶄新的罪惡，聽見主子召喚，猛地竄出實驗室，一溜青煙，剎那間飛完七百萬哩，筆直立在撒旦前，身上仍舊飄出高速飛行所產生的一股焦味。

撒旦坐上玄武岩刻成的辦公桌後面，皺起了濃眉，說：「我要知道，我對凡人山姆下那項命令，施行了沒有？」

「每一個字都照辦了，冥府之王。」幕僚長稟報，略帶了一絲遲疑。

「我想確認這個消息，他被我詛咒之後，沒有再贏過一分錢吧？」

「連極微小的錢，都沒有贏過。」

「他應該感到很痛苦的了。」

「絕對痛苦萬分。」

「他會不會失望得自殺，而落到我們的手裡？」

幕僚長卻默不作答。

撒旦的聲音變得尖銳起來了，問：「他不失望嗎？」

「他的心情雖然不好，但是沒有自殺。」幕僚長勉強回應：「他非常無禮，而且極難應付，我必須再加上這麼一句。」

「極難應付？」掛在地府上的三十萬支蠟燭台，瑟瑟作響。撒旦說，「一個凡夫俗子，在本地府大軍之前會極難應付？請你解釋一下。」

幕僚長因為內心緊張，他的蝙蝠翅膀微微發顫。他剎下了胸口上一片鬆動的鱗片，鼓起勇氣來回稟。

「這個山姆，是一個頑固的凡人。」幕僚長低聲下氣的說：「雖然陛下的詛咒應驗在他的身上，但是他竟然能規避。他經常煞費苦心，想出種種伎倆，或者用雙關語來欺矇。所以我派遣最優秀的幹員，每天二十四小時嚴密監視，使他的計謀不能得逞，請陛下聽詳情……

「上星期，他與別人打過數百次稀奇古怪的賭注之後，接著向一個熟人提議打個賭，賭正午以前絕對不下雨，這個賭注真是荒謬：因為那時候大約差十秒就十二點了，空中沒有一朵雲，太陽照得好好的，而且氣象台還預言過這天不會有狂風暴雨……

「山姆答應對手，如果贏了賭注，拿出雙倍的錢來請他痛飲一番，在大熱天不會下驟雨這種賭真是天底下少有。這話怎麼說呢！只要正午以前不下雨，他就是贏家，而陛下詛咒也被他給破壞了……

「我一看時間，太倉促，急忙從『改宗獄』調派二百八十名工人，向『罰惡獄』借了一百個工人，另外從實驗室叫喚出二十位第一流的研究師，十萬火急送到了那兒。他們費盡了蠻力，才把歐海渥上空肆虐的一場大雨——這原定會氾濫成大洪水，為地府增添一百八十名新鬼的天災——移到了新英格蘭。還好，沒有超過時限……

「不過，這事引起了世人的廣泛評論，妨礙我們工作的速度，且分散了我的力量。因為我在每天二十四小時內，必須準備大量的預備工人，隨時隨地應付這類事件；而這種事件，層出不窮，難以算盡。」

一顆顆汗珠，滾下這個苦惱的幕僚長額頭，化成了一股蒸氣。

「那只是個極端的例子而已。」幕僚長懇切的說：「這個山姆的衣袖裡，隨意就能抖出二、三十個詭計呢！就像在昨天，他想在賽馬場賭贏。這使我們忙了整整一個下午。第五場的時候，他下的賭注很複雜，難以計算，把我最可靠的副官搞得莫名其妙，弄不清楚狀況，他只能在最後一刻來向我請示。山姆的賭注是這場馬賽必定沒有馬跑到終點。那時候很匆忙，我唯一想起的辦法，就是把所有的馬同時送達終點，除了山姆下注的那匹馬……

「那一匹，我瞬間把牠搬離了賽馬場，安放在澳洲，以使山姆的預測沒有一樁能實現。不過，七匹馬同時到達和另一匹馬消失的怪事，引起觀眾的議論，他們很激動。

「那場大雨，再加上不少怪事，使宗教信仰復甦了，世人成群結隊的上教堂了。這樣破壞了我們不少工作。所以，陛下，我們能否能漠視一兩件最麻煩的賭注？這樣，也許事情會變得簡單一些——」

撒旦的馬蹄在岩石上狠狠一跺，打斷了幕僚長的話，「永不，也絕不妥協。我發過誓了，一定要一個字一個字的實踐。幕僚長，小心照著做！」

「是，是，陛下。」幕僚長唯唯諾諾稱是，一看苗頭不對，趕緊退堂，以最高的速率飛越了一百萬哩，回到實驗室。不料速度太猛，一下子收不住，身子撞在門上，撞傷了一條腿，因而跛了一個月。自此之後，他再也不敢提起山姆這件事情了。

這些事情，山姆都不知道，他陷入在自己的困難中。他輸掉了每個賭注，不管他是如何的不該輸，還是輸了，情緒很低落。

他的錢快輸光了，口袋只剩下寥寥可數的幾塊錢。銀行存款也快告罄了。馨儂拒絕與他見面。從那晚與撒旦打過交道之後，山姆真的沒有贏過。精神欲振乏力之際，竟然有幾次發現自己在細讀報紙上的職業介紹欄。

直到某天下午，他全然失望，沒有心力和魔鬼鬥智了。這天的天氣真是配得上他的心境，陰沉沉的天空一片灰暗；北風颳來的雨點，重重的摔打地面，每顆雨滴好像對地球都有化不開的私仇似的。

山姆呆坐在自己的房間，看著外頭風雨，滿懷失望，這是他身陷厄運以來從未有過的感覺。

最後，他振奮起身了。這真是不合於山姆家族「終日枯坐，陷入陰鬱」的血統。他找出帽子和外套，拖著沉重步伐出門，走向熱鬧的酒店。那兒，也許能找到一個愉快的同伴分享一些內心的愁悶。他想。

他發現了提姆偎在酒店熊熊爐火的一角。他——提姆——馨儂的弟弟，一個圓滾滾、卻自得其樂的小個子，只要有杯酒，就感到分外的樂不可支。提姆很高興的招呼他。山姆坐了下來，盡量得體回答。他也要了一杯啤酒，開始向提姆問起了馨儂的近況。

「奇怪，」提姆一口飲乾了半杯，說：「有時在半夜，我聽見她在上鎖的門後哭泣。」他喝完了剩下的啤酒。「這是她退還你婚戒以前，從來沒有發生過的事情，山姆……」

「再來一杯，」山姆勸他，心情突然好了不少：「那麼，假如我求求她，她也許肯收回婚戒了。提姆，你以為如何？」他問，聲調中滿是希望。

「只要你還是賭棍，就別奢望能實現，除非神蹟能改變她的自制力。」提姆說：「即使她和你這樣絕交後，一輩子不會感到快樂。」

山姆嘆了一口氣，說：「如果她聽到我現在輸掉了每一個賭注，會有什麼不同嗎？」

「你每場賭局都輸的機率，不會大過一支針尖，」提姆答道：「是絕對不會大過一個針尖的。算了，換一個話題來談談吧。山姆，你想這場雨要下到什麼時候？」

「下一整天，我想。」山姆垂頭喪氣了，說：「毫無疑問，要下整天，不過我可以在五分鐘內停止它，只要我高興的話。」

「哦，你能這樣改變？」提姆出於好奇心，聽了大感興趣的說：「山姆，讓我看看你要如何弄的。」

山姆聳聳肩，說：「賭一塊錢，你只要說五分鐘內一定停雨，雨就能停。我也不過要你花一塊錢來表演給你看，你要答應我，把贏來的錢請我。」

「可以，這是公平的交易。」提姆立刻回答：「我答應。那麼，山姆，我賭你一塊錢，五分鐘內雨一定會停下來。」

山姆沒精打采的接受了。他們拿出賭注，擺在桌子上，真怪，五分鐘內頭頂上的烏雲真的推開了，露出湛藍的天空。太陽也照滿了大地，好像根本沒有過風雨。

「這有點奇怪，山姆，」提姆眼睛睜得圓滾滾的，又叫了兩杯啤酒，「假如你真的有這種本事，那我保證你要發財了。」

「噢，是的，我是可以。」山姆嘆了一口氣，不感興趣的說：「從天晴到落雨，落雨到天晴——我只要下賭在反面就有勝利的把握了，不光是天氣，任何事情都是一樣。這是別人加在我身上的詛咒，提姆。」

「真的？」提姆說，眼睛睜得又大了點：「是誰搞的鬼？」

山姆靠過去，貼近他耳邊說了答案，這讓提姆的眼睛幾乎跳出眼眶。

「不相信的話，你吸一口氣，」山姆點點頭說：「狠狠的嗅一下，提姆，你就知道了。」

提姆嗅得又狠又長，恐怖爬上了他的臉，說：「硫磺，是硫磺味！」

山姆點點頭，繼續飲他的麥酒。

提姆伸手抓住了他的臂膀，嗓音嘶啞的說：「山姆，難道你沒有聽說過有人願意付一筆錢，投保某個特殊的日子要有某種天氣的保險？難道你沒有聽說過『天氣保險』？山姆，還有意外險、醫療險，和其他不幸事件的失能險？保險不是賭博，是一種事業！合法賺錢的事業。」

山姆停止飲酒了，把酒杯砰的放在桌上，臉上有著古怪表情。「對了。」他說，若有所悟。

「山姆，」提姆充滿了感情說：「舉一個簡單的例子。這個星期日，聖．派屈立克的忠實信徒有個大遊行。假定他們對你說：『山姆，我們要保星期日不下雨的天氣險，這兒是二十元的保險費。』萬一那天下雨，你得賠償五百元，如果天晴，二十元就是你賺的！」

「那，假定你到我這裡，」山姆說：「我和你打這個賭，一元對一元，賭這個星期日一定下雨……」

「山姆，我接受這個賭，一元對一元賭這個星期天的天氣。」提姆說，「既然你註定要輸掉任何賭注，那天當然不會下雨。這樣那些忠誠信徒付給你的二十元會賺到手。而你賺到的利潤，山姆，那項沒有人稱之為賭博的正當事業的利潤將是……」

「十九元！」山姆喊道，激動至極：「十九元的利潤。提姆，而且不是贏來的，是輸來的。你當真知道有許多人要保這種險嗎？」

「是的，成千上萬。」提姆說：「看到你有這麼神通廣大，而且有靠得住的後台老闆，他們沒有理由不要保這種險的呀！」

山姆站起來，眼睛射出了光芒，興奮說：「提姆，這裡是二十元，請你替我租間辦公室，和弄一塊『山姆保險公司』的招牌，愈大愈好。還有，提姆，這兒是一塊錢，這塊錢我賭馨儂看到我去拜訪她，一定不肯說『好的』。」

「我全部接受。」提姆同意的說。但是，山姆早就跨開大步，跑得不見蹤影了。要不了一分鐘，他已經蠻不講理的，站在馨儂家的客廳內。而馨儂看見他突然光臨，眼中幾乎噴出怒火來，設法想把他趕出門外。

「山姆，」她怒叫：「我不要看見你！」

「妳不能不看見我，」山姆溫柔的說：「我正好站在妳的面前。」

「那麼，我就不看你。」馨儂喊道，閉緊了她的眼睛。

「在這種情況之下，任何後果都要由妳負責。」山姆說，走前一步，在她的唇上印了一個吻。

馨儂的眼睛立刻張開，大喊：「山姆，我——」

「我賭你一塊錢，」山姆很快的打斷了她的話：「妳要說『我恨你了』。」

「不，」她否認：「我是要說：我愛你。」

她說完了，目瞪口呆的看住了山姆，簡直不敢相信自己的耳朵。

「那麼，親愛的馨儂。」山姆問：「妳肯收回婚戒，嫁給我嗎？我敢另外再賭一塊錢妳又要說『不』了。」

這個「不」確是馨儂真正想說的。但是，說反話的妖怪，又一度控制了她的舌頭。

「當然我不會說『不』。」她宣布，竟把自己嚇傻了。「因為我說『好』，而且我很願意。」

山姆立刻把她擁入懷抱，深深熱吻一下，熱烈得使她沒有時間來懷疑，自己的舌頭為什麼會扭曲到這種地步。她相信是山姆的神奇力量，勾出了她心坎裡的實話。關於這一點，山姆也很明白、很聰明，不去糾正她。

於是，他倆結婚了。這時候，山姆的保險業務興隆，好得難以想像，金錢從各方面潮湧進來：有生意頭腦的山姆把一切事情安排得井井有條。他和他的合夥人，提姆，下過賭注，賭他和馨儂不會無災無病的活到九十九歲。提姆當然賭他倆會的。山姆又賭他和馨儂的婚後生活一定不美滿，提姆就把賭注押在反面。最後一件，山姆又賭他倆一定不會有十個聰明、可愛、強壯的小孩子——共六男四女。提姆就掏出錢來，保證說他們一定會有的。

就這樣，山姆的業務蒸蒸日上，世間災禍的產量也一天天的減少，山姆每夜睡得非常安穩；即使有時候屋內有了一股輕淡的硫磺味，好像是從來來往往煩惱的小鬼身上瀰漫來的，也沒有人理會他——連山姆第十個的最小兒子——達翁也毫不在乎。

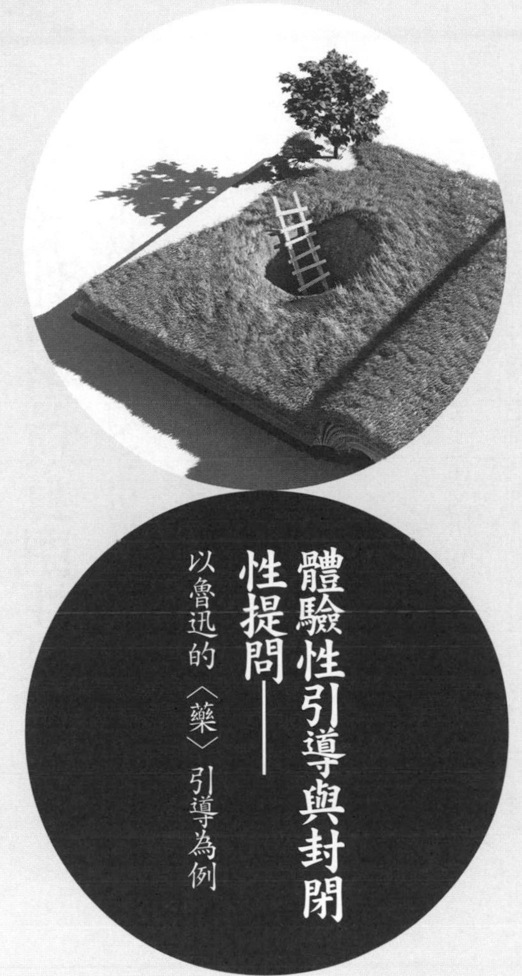

體驗性引導與封閉性提問——以魯迅的〈藥〉引導為例

體驗性引導與封閉性提問

——以魯迅的〈藥〉引導為例

二〇一五年冬季，作文班的課程是共讀魯迅的名著〈藥〉。我有事無法及時趕赴課堂，委託幼玲老師代理。幼玲當時身分是靜宜大學研究生，記錄我的教學課程作為碩論。她以我的課堂為研究對象，熱切的來學習，來課堂跟課一段時間了，跟學生也熟，我首先想到由她代理課程。

每季的作文課最後一堂，通常學生非常期待，除了不用寫作文，隱藏性的課程常令人驚喜，有時是說故事，例如前幾篇介紹的〈賭注〉與〈小偷〉，都是最後一堂課程的進行。這一次的課堂，預定要進行文本閱讀，幼玲老師將魯迅的〈藥〉發下去。學生讀了幾行，宛如吃了帖極苦的黃膽、黃連之類的中藥粉，臉色刷下來，笑容激烈消失，數分鐘後歪著頭苦惱，不是看不懂，就是看不下去。

幼玲目前在學校擔任老師，樂觀謙虛，教學認真，常從薪資中撥出部分當作學生的獎勵金，也幫邊緣的學生尋找校外資源。她喜歡導師的工作，認為這比課堂的教學更能影響學生。不過幾年前幼玲來我課堂記錄時，教學經驗尚未豐富，教魯迅〈藥〉對她來說有點棘手，何況是十二歲的學生。不論她如何鼓勵與引導，學生就是無法進入堂奧。魯迅〈藥〉成文於一九一九年，寓意深遠，白話中摻了古典，一般安排在高中以上閱讀，在閱讀力與理解力較妥善的年紀進行，放在小學確實是挑戰。幼玲的策略都用罄了，還是提振不了接下來的討論。

我匆匆趕回到班上時，上課已經半小時了，沒想到閱讀課已結束。只見班上同學意興闌珊，沒有絲毫討論的意願，幼玲老師則反映這課太難了。非戰之罪，這堂課的確難了些。

「抱歉，各位同學，我們這堂閱讀課重來，好嗎？」我宣布。

「什麼？」小學生們唉聲嘆氣，臉上苦著，「這課文很難讀，我們都讀不下去了。」

「各位，那我們先把〈藥〉擱下來，我先跟各位討論一件事。」

「討論什麼事？」

「經典閱讀，我想跟大家討論這件事。」

閱讀是心靈的藥

文字，是人類文明最偉大的發明，書籍與讀書成了傳承文化的平台。寫字工具發明、印刷術的進步、圖書館的誕生，促使了閱讀文化與日俱進。閱讀之於心靈，好比食物之於身體，這是往日大家樂於從事的活動。

閱讀到了今日有了劇變，隨著科技日新月異，知識的擷取管道不侷限在紙本了，網路、圖像或視頻都是媒介，臉書之類的社交媒體成了大家交換訊息的重要管道。網路帶給人便利，世界加速發展，書籍閱讀不再是重要風景，人們憂心文字閱讀的失落，擔心新世代的孩子，會不會失去閱讀能力之餘，已無太多作為了。

但是，文字閱讀不只是獲得資訊、知識或休閒，更帶著深刻的內省、體驗、思考，建構意義的歷程，文字具有古典的內蘊，很難讓人忽略書籍閱讀的力量。我至今仍鍾情於書籍閱讀，視為每日活動，每當闔上書本的那刻，從閱讀得到的心靈慰藉，哪怕只是偶拾一句話，也有溫燉韻味，使我平凡生活有了厚重端正。

在網路興盛之前，向來是文字盛世，想想看我小學時一份《國語日報》，在班上傳閱的盛況，像是搶奪武林祕笈，閱讀不待推廣而盛行。當今對文字熱情下墜了，反而透過無盡的方式活絡，拉拔孩子大量閱讀，誘導孩子廣闊閱讀，期待孩子能深扎閱讀習慣。各校的推廣閱讀教育工作者、有志的父母，或政府相關單位都帶領孩子閱讀，藉由中西方文學名著、科普書籍、社論論述、人文社會等經典著作，開拓人生視野。

然而，閱讀能力如何培養？除了大量閱讀，能否引導孩子擁有更深刻閱讀的能力。比如，孩子的閱讀慣性常是通俗文學，這類文本也是重要媒介，受市場青睞的《哈利波特》、《貓戰士》、《狗勇士》或愛情小說，在展讀之後，是否能滲透到文本進入較深刻的主題或細節，而不僅只是閱讀娛樂。如果大人願意帶領，這類文本是重要橋梁。

至於嚴肅文學，常常是大人訂定給小孩的閱讀榜單，小孩敬而遠之。如果小孩沒有錯失進入經典的機會，他們如何進入艱深的文本？如何跨越這些經典的基本障礙，像是文字稍嫌艱澀、內容脫離時代久遠、主題較嚴肅、故事性較薄弱、思辨主題難掌握，或者主題較陌生。這類經典或重要的文本，我們期待孩子有閱讀能力，能專注且仔細地閱讀。但缺少引渡人的話，孩子無法涉渡，簡直是眼睜睜看著非凡的流星滑過眼前，卻苦無鑑賞能力。

世界上的經典眾多，成人的引導與推介，顯然非常重要。前面介紹蘇童的〈小偷〉，以及福克納的〈賭注〉，以對話的方式引導閱讀，漸漸進入主題，並且以說故事為媒介，讓孩子深刻體驗文本，讓文本擁有吸引力，孩子自然而然被引導了。在說故事的過程，以對話的方式啟動，讓孩子進行思辨、體驗與敘事，孩子除了認識經典，也更深入經典。

較為不討喜的經典，或是冷僻的主題，是否也能引導孩子？

我在體制外學校任教七年，思索出各種閱讀方式，帶領學子。十年前我轉換戰場後，與幾位朋友創辦千樹成林作文班，將體制外的教育方式，帶入課後的教育學習，自成一套閱讀與寫作的方式。當時台灣的新教育形式，如張輝誠的「學思達」還在醞釀之途，其他有志者也尚在默默耕耘，未有典範與同儕借鏡的狀況下，我的技法是土法煉鋼。我曾在千樹成林的寫作班，帶領自學團體，引領一批中學生上文學，家長還陪孩子入班上課。之後，我陸續開了古典文學、台灣文學、中西經典文學，甚至科普書籍閱讀，累積了甚多美好經驗。

自學團體的孩子畢業了，我憑著多年打下的基礎與經驗，便將經典文學閱讀，置入課後寫作班，帶領孩子們認識經典，持續至今已經一段時間。這也開啟了我帶領孩子閱讀魯迅的〈藥〉的契機。

多年來，我帶領十二歲的孩子閱讀魯迅的經典〈藥〉，每回孩子幾乎專注投入，獲益不少。我將經驗分享，眾人以為天方夜譚，主觀認定孩子和魯迅太遙遠了，這鴻溝難跨越。小說〈藥〉的字數約五千字，創作年代一百年前，語言、內容與時代背景都不是孩子熟悉的。孩子若非讀不進去，就是囫圇吞棗讀完，不只不求甚解，甚至連內容都說不上來。

這一次為寫作此書，適逢帶領魯迅的〈藥〉，我請甘耀明入班記錄。班上共有二十位十二歲的孩子，需要在課堂進行二十分鐘閱讀。當孩子們專注投入閱讀，鴉雀無聲，目光焦點不離開文本，我與耀明觀看此情景，覺得孩子們實在太可愛啦！

另一次帶領閱讀〈藥〉，班上有位來自新加坡的旁聽者，她十六歲，就讀於新加坡一所政府中學。課後女孩告訴我，這一篇她剛剛在高中讀過，但是老師偏向講解課文義理，同學其實讀不懂，也沒有興趣。她始料未及的是台灣上課方式比較活潑，也讓人專注，孩子們竟能懂得文意，只是她想不透「為何如此」，因為我的課堂上並未任何導讀。

閱讀課結束了，我詢問班上二十位同學，〈藥〉是否好看。班上二十人，有九個人舉手，附議好看，甘耀明感到非常訝異。事實上每班的比例差不多，甚至有一班的十四位學生覺得好看。班上學生向來不討好老師，誠實以對，當不少孩子說：「當然好看啊！因為故事很精彩。」我著實為他們感到驕傲，因為他們僅十二歲。

這答案與閱讀過程，與一般經驗迥異。某位中文系教授告訴我，大學生普遍覺得這篇小說乏味，然後問我，要怎麼帶十二歲的孩子，引起他們的閱讀興趣呢？

課前引導提問

回到那次我遲到的課堂，當我宣布：「抱歉，各位同學，我們這堂閱讀課重來，好嗎？」

「什麼？」孩子們唉聲嘆氣，小臉皺得像苦瓜紋，說：「很難讀，我們都讀不下去了。」

「各位，那我們先把〈藥〉擱下來，我先跟各位討論一件事。」

「討論什麼事？」

「經典閱讀，我想跟大家討論這件事。」

經典閱讀，往往是趟顛簸之旅，沒有經由引渡人，孩子可能跌落海裡而吃足苦頭，艱澀文字如海水嗆人，他們勉強讀完上岸，或放棄上岸而棄讀，使世間又徒增了幾道對「經典閱讀」的怨言。這引渡人的功夫，其實是先跟孩子以對話引導，至為重要。

魯迅的〈藥〉尚未到達艱澀難懂，但對十二歲的孩子仍有困難，若閱讀之前不以對話引導，帶領孩子覺察「遇到困難文本」的經驗，啟動他們內在的意志與資源來克服，孩子往往很難進入文本。即使教師耳提面命，期待孩子要專注投入，要認真仔細閱讀，孩子也難以進入閱讀理解。這是我在對話裡談過的，透過覺察，會比直接灌輸，使對方更有力量面對困難。

閱讀一篇困難的文章，孩子會遭遇什麼情況呢？教師應該事先理解，這形同說書人的鋪墊，教師以對話的方式，啟動孩子的內在資源。在引導閱讀的對話脈絡裡，我會先從外圍的常態閱讀說起，漸漸拉到核心：讀不下去怎麼辦？又該如何面對這困境。

我問班上的孩子們：「**平常有閱讀習慣嗎？故事書、散文、報紙、網路小說都**

算在內。」

大部分的孩子舉手了，若是在偏鄉的孩子，比例應該偏少吧！

我稱讚這些孩子的閱讀力，之後詢問閱讀的種類，並分享最喜歡的一本書，這本書有何吸引人的魔力。

孩子們最喜歡的書籍，以流行文學為大宗，要是某人提及喜好的書，同好者莫不是歡呼以對，看得出他們的興奮之情。我簡單聽完分享，將提問慢慢拉入了核心，提了個特別的問題：「誰能舉出自己喜歡的書，是一般人較少聽過。你們為何閱讀此書，閱讀完有何收穫。」

孩子分享特別的書，出現冷門書籍，呼應者就少了，甚至無人聽過這類的書。這類的孩子漸少，僅僅簡短回應幾句，了解彼此的閱讀。**透過這樣的提問，分享閱讀的動機、資源，啟動彼此對閱讀的認識。**這是藉此讓同年齡層的孩子，分享彼此經驗，說明閱讀是各憑脾胃，大部分是從眾閱讀，但也有人走冷僻小徑，踽踽獨行也自樂。

我更進一步詢問，**有沒有閱讀哪一本著作，幾乎廢寢忘食的閱讀，或者快讀完了，感覺很捨不得？**

這是熱烈討論的議題，不少孩子都有相似經驗，從《波西傑克森》、《哈利波特》、《達文西密碼》、金庸武俠小說系列，讀得愛不釋手。我與他們交流書中令人振奮的橋段，熱情分享。這種閱讀經驗交流，對於有共同經驗的人，彼此都很投入；對於沒有此種經驗的人，聆聽同儕的分享能感染吸引力，無形中也在他們心中種下閱讀力的種子，這彷彿我孩提時期，看著同儕和大人聊著某話題，內心有一絲羨慕與嚮往。

接下來，我換了新提問：「**有沒有哪一本書，是被規定要讀的書，或者有人推薦很好看，但是卻讓你讀不下去？**」

孩子多半有這樣經驗。我很好奇哪類書最多，不出意料地，學校指定的課外讀物最多。我邀請他們分享書名，竟不乏一般咸認的大眾書籍，包括上述流行的《哈利波特》等，這引起孩子的互動，因為彼此經驗迥異。

我在學生針對此提問分享時，必須特別說明，閱讀習性是很個人，同樣的陽光下，攤開同樣的書，有人讀得愛不釋手，有人卻如燙手山芋般讀不下去。我邀請孩子們交流，是對他人有更多好奇，而不是衍生更多的質疑與嘲諷，我也坦承看不下某些書，比如《哈利波特》、《貓戰士》系列等。這使得孩子紛紛驚呼：「怎麼可能？」

這是真的，事實的確如此，即使《哈利波特》、《貓戰士》等大眾書籍不是我所愛，我卻仍有所好的讀下去。因為我想了解，現在的孩子們喜歡什麼，銷售為何會這麼好，讀這些書是與孩子有共感經驗的管道。

回到我的提問：**為何要讀那本書呢？**孩子們回答，除了老師規定以外！其餘選項有：無聊、沒有別的書、別人說很好看、大家都在談那本書……

讀不下去怎麼辦？孩子們回答不盡相同：那就不看了！還是看完了！看到一半才停止……所陳述的答案，源自個人的緣由選擇，最終是以這種交流打開彼此的內在面向。

我接著又提問：「**有沒有一本書，剛開始讀不下去，但是讀了好幾頁，卻開始讀下去了，或者越讀越有意思了？**」

不少孩子立刻分享，某幾本書閱讀經驗，這樣的狀況其實不少，原來大家或多或少有類似狀況呀！我繼續問他們：「**怎麼願意繼續堅持？**」「**當面臨困境而跨越之後，竟然愈讀愈有意思，你們有何心得？有何收穫呢？**」孩子們也針對問題簡單答覆。

我最後的提問，「**有沒有閱讀的時候，眼睛在看，但是腦袋卻分心了？那是哪一本書？你能夠覺察嗎？又如何面對這樣的狀況呢？**」

孩子們多少有類似處境。大家分享的過程，即使沒有答案，都讓孩子有所覺知，往後要是當遇到此類情況，會敏銳的回應自己，可以再認真閱讀，減少對自己批判，這無形中強化他們的閱讀力。

閱讀的目的與挑戰

上述是閱讀前的引導提問，接下來是閱讀文本，這才是挑戰。

提問結束之際，我對孩子分享一個小故事。這是網路流傳的，事關某位明星兒子的閱讀競賽。由於這傳說廣布，該明星出來闢謠，指出是虛構。但是故事頗有啟發性，呈現東、西方閱讀的文化差異。

我說的故事如下：

你們學校有閱讀推廣嗎？只要讀一本書，就得到一個閱讀點數，點數集滿可以送些獎勵？

據說國外也有類似活動。

法國里昂圖書館，辦了一個讀書節活動，鼓勵孩子多讀書。凡是在規定的一段時間內，誰讀的書最多，就能得到一份禮物。

某明星爸爸出國到當地旅行，決定為孩子K報名活動，在圖書館人員安排下，領回要閱讀的書。K很認真閱讀，一週後經過考核，K讀完了三本書，遙遙領先其他法國小孩。明星爸爸十分開心地鼓勵孩子，努力閱讀爭取佳績。未料活動尚未結束，圖書館人員親自拜訪，送上首獎的禮物，勸K退出閱讀競賽。雖然首獎禮物已贈出，但館方仍然保留首獎，給剩下的參賽者。

我問孩子們：「你們知道發生什麼事了？工作人員為何要這樣處理呢？」

孩子們的答案，頗有意思：

K應該作弊了，被館方發現了，又不忍心拆穿孩子，傷害孩子幼小心靈。

K沒有認真念書，只是想要得獎而已。

K不是法國人，法國人想把首獎留給同胞。

這些答案各有揣測，各有緣由，具有常理的判斷能力，也擁有想像力。當然有孩子答出故事的結局：因為K為比賽而讀書，沒有享受閱讀樂趣，和比賽的初衷不符合。

我詢問孩子們，曾經為了閱讀而閱讀嗎？的確有孩子如此，這個分享頗有趣。

但是這裡有一個真實的案例，對比上述傳說的故事，頗值得人玩味再三：二〇一七年二月，台灣的教育部舉辦了記者會，公開表揚各圖書館的借閱楷模，受表揚的借閱楷模，是二〇一六年圖書館的借閱最多者，台北市的李小姐借了七千兩百九十四本書；台中市的詹小姐五千七百六十四本；雲林的九歲小弟弟，借了三千七百三十二本書。一整年借閱了這些書，每天不眠不休的閱讀，至少要閱讀十至二十本書，這數據公布後，引起廣泛討論，包括巨量借書如何消化、哪種書最常借閱、借閱楷模是不是淪為衝書量的迷思……

台灣教育部鼓勵借閱楷模，剛好是傳聞中法國圖書館認為的負面典範，哪一個閱讀方式較佳？或者較應被推廣呢？這也是一個有趣的問題呢！

講完明星的故事，**我亮出自己的底牌，今天要讀一篇困難的文章，我邀請他們專注以對，看看能從裡面得到什麼，但是不要因為這是功課，而讓自己淪於應付。**

我又說，這篇小說不易閱讀，但是我希望他們閱讀，期望他們閱讀困難的文章，並且期望他們每年如此，至少閱讀一兩篇困難、但重要的文章，讓他們維持閱讀的能力，也保有未來的競爭力，文章內容不要太長，逐步訓練閱讀能力。

我繼續說，魯迅〈藥〉這篇文章太困難了，前面一千字，他們可能會很難讀進去，或者讀得莫名其妙，或者專注力隨時會跑掉，可能會分心了，就像前面討論的狀況，「要是這種事發生了，你們能夠覺察當下，並且拉回到專注的狀態嗎？我邀請你們專注讀下去，即使前面讀不懂。」

我對孩子強調：這篇文章不易讀，若是讀得下去的人，便擁有極少數人才有的閱讀力，也擁有甚強的競爭力。

孩子聆聽我的提示，神情非常專注。

我提示：「當你閱讀一千字以後，漸漸掌握一些內容，也許領悟小說的安排與寓意，因此需要多一些耐心讀下去。」我邀請孩子們，課堂只能騰出二十分鐘閱讀時間，得專注閱讀這篇文章。

接著我更進一步，提出挑戰了。

這篇文章閱讀完之後，若是你讀懂百分之五至百分之十，請不要感覺氣餒，那是正常的現象。

若是你讀懂百分之二十，那是極少數的一批人。

若是你能讀懂百分之五十，那麼你應該是閱讀天才。

若是你讀懂百分之五十以上，那是不可能的事……

我語帶玄機的打住，**孩子常舉手挑戰我，「如果能讀懂百分之五十以上呢？」**

這發問或許燃起了大家的戰鬥力，但是我往往搖頭，笑說：「那是不可能的事。」我並非小覷孩子，因為〈藥〉是魯迅有所安排的小說，更深的解讀必須透過當時環境才能穿透，這也是〈藥〉的靈魂重量所在。

接下來我設定時間，請他們專注閱讀。經過提問引導與補充小故事，所有的孩子都迅速專注了。

我每年在八個班級帶領〈藥〉，幾乎每個孩子投入閱讀，鴉雀無聲的專注二十分鐘。**先透過對話，師生討論了閱讀狀況，孩子就能覺察，閱讀時不會輕易分心與放棄；當我們建立了閱讀的目標，帶出了閱讀的挑戰，孩子們更清楚此刻為何要投入。**

封閉式提問

孩子們讀了二十分鐘，有的人讀得快，會主動進行第二遍、第三遍閱讀；有的孩子讀完一遍，可能較為疲憊，已經在休息了；有的孩子第一遍尚未讀畢，正努力完成。時間到時，我會進行閱讀提問，讓閱讀完的孩子，有更多探索文本的機會。如果僅有少數孩子未讀完，我會稱讚他們的認真，請他們繼續閱讀，也可以先參與我們提問，藉此掌握閱讀關鍵字。

此時我的提問相對封閉，指向解謎的提問，謂之**封閉式提問**。

在此得先解釋何謂「開放式提問」與「封閉式提問」。我先談前者。在對話的提問引導，我絕少給答案、道理與命令，是讓對方覺察，由他進一步體驗與決定，自我找到解決問題的方式。「開放式提問」的語言，愈導向開放性答案，與提問者愈能有更多互動，導引出更多創造性思考，具有更多啟發性，對話便豐富有意義。

與開放式提問相反的，是**封閉性提問**，這是此小章闡述的重點。封閉式提問，傾向於偏狹、特定的答案，提問者有了主觀的判斷，淪為答案主導者，便囿限了對談的空間，回答者容易失去創造力，也引起反感與防衛。

然而封閉式提問，並非皆一無是處，比如要核對某個訊息，就需要封閉的提問進行。例如：你的意思是□□□□嗎？

所以當二十分鐘的閱讀時間已到，我進行封閉式提問，預告說明：「讀完的同學，不妨先探索一下，待會兒請給我答案，這個答案雖然在文章裡，但是你不一定找得到……」

我首先的問題是：「**這篇文章中，有一個被判了死刑的人，請問這個判死刑的人，是被誰告發的？**這個問題考驗你們，看文章是否更仔細了？」這種單一性答案，類似考試常考的題幹。

這時閱讀完的孩子，會不斷地進入文本，想要找到問題答案。

我的提問相當簡單，也相對封閉，幾乎都有答案。**但是，進行如此的提問對話，我避免以「答對」、「答錯」回應孩子，而是邀請孩子從文本中找出答案佐證，並且在同學間進行橫向核對。**

為何要進行這樣的提問呢？

對於十二歲的孩子而言，魯迅的〈藥〉是困難的文章，即使專注閱讀，可能也不懂故事來龍去脈，正如同我前面帶出的挑戰，十二歲的孩子，若能讀懂百分之五十，應是閱讀天才。我此舉在引領孩子，去經驗困難文章的閱讀，培養他們專注閱讀的能力與信心，也讓他們在經驗困難時，不至於太挫折，還願意繼續挑戰，因為讀不懂是理所當然，挑戰成功則屬少數人。

封閉性的提問，孩子們彷彿按圖索驥，在尋寶的過程中，經由同儕分享指引，不斷重複參與文本，深入文本。

「請問，這篇文章中，一出場的人物中，有一位叫老栓的人，他要去做什麼呢？」我拋出封閉式提問。

這個簡單的問題，孩子們紛紛舉手，回答他要去買藥。

「請問在第幾頁，第幾行有寫到呢？讓我知道。」我要孩子更仔細地找出緣由所在。

孩子們紛紛尋找。我要他們大聲念出答案，並要同儕評估是否合宜，有時候我也會挑戰回答者，引出更多聲音回應我的挑戰。

比如我會反問，**「這怎麼就證明他去買藥呢？有沒有更多訊息佐證？」**這類簡單的問題，我不斷詢問，引得孩子們不斷提供我訊息，讓掌握梗概的人，獲得閱讀的成就感；也讓未完全掌握文意的孩子，迅速找到資訊，有助於澄清腦袋中的模糊資訊，因此不時可看見孩子興奮，彷彿表示「喔！原來是這樣子，我可以理解了」，讓他們剛剛專注閱讀，得到了解惑的果實。

我與孩子們的提問與解答，大約進行六分鐘，彼此問答交錯，幫助他們尋找、思索、核對與理解，這同時進行，當然也有停頓的時間消化，藉由這些提問，使得大家再次浸潤文本中。

我提出的問題，看似很簡單，甚至有人覺得愚蠢，實則是我故意安排，讓孩子回溯文本。以魯迅的〈藥〉為例，我提出的問題，可歸納如下：

「老栓買藥要給誰吃呢？」

「小栓得了什麼病呀？」

「老栓的太太是誰呀？」

「老栓他們家，是做什麼的呢？」

「老栓去買藥，是去哪兒買呢？」

「那個藥是什麼東西呀？」

這幾道提問，可在文章多處找到答案。尋覓這幾處散落的答案，孩子們重複進出文本，不斷在尋找、回應與證實間穿梭，同儕間還找到不同答案，簡單的提問也就有了趣味。

而我面對孩子的答覆，除了適時提出挑戰之外，也對他們精準到位的回應感到驚奇，並且不吝惜將驚喜回饋，好奇他們怎麼會知道，肯定他們很敏銳，因為這是一篇難懂的文章。

我將提問的難度擴張，漸漸的進入較有難度的提問，比如：

「人血饅頭是誰的血呢？」「血的主人是誰呀？叫什麼名字呢？」「誰殺了夏瑜？」「夏瑜犯了什麼罪呀？」……

這些提問之後，我連結到先前的提問：「這篇文章中，有一個被判了死刑的人，請問這個判死刑的人，是被誰告發的？」這是小說的核心，這種提問有助他們穿透文本。

提問進行到這兒，孩子們未必能即時回答，但是他們學會了不斷從文章的蛛絲馬跡尋找，最終都能給我一個答案與理由。來自這答案的穿針引線，孩子們更清楚文章梗概。

進行文本閱讀，提問像遊戲一樣，可以繁簡穿插，可以深入其他議題，比如：

「告發的人和主角是何關係？」

「告發的人有何好處嗎？」

「小栓後來怎麼了？」

「小栓和夏瑜被埋葬在哪兒？那是哪兒呢？怎麼會有這樣的埋葬之地？」

「華大媽與夏四奶奶遇見了，作者對周遭的描寫，你覺得有何企圖嗎？」

「這篇文章你覺得要表達什麼呢？」

從閱讀、提問與討論三階段，孩子們跋涉了完整的歷程，往往能掌握故事了，相對擁有閱讀的成就感。他們感覺自己的理解力，遠遠超過百分之五十的比例，這也是我當初期望的目標。

雖然他們未必會明白，這一篇文章最終要表達為何，因為這得通過小說暗喻的關鍵人物秋瑾。他們對於「人血饅頭」這類欠缺科學依據支持的民俗療法沒聽說過，對清末民初的社會不熟悉，不懂「革命人士」，不懂文本延伸的「女權主義」等等，但是孩子從閱讀歷程，獲得特別經驗，覺得這篇小說「很棒」！這是我當初期望的閱讀目標。

拉得更長遠來看，經典文學閱讀不是日本禪宗所提的「一期一會」——一生只有一次相逢之意——而是，後會有期。期許孩子在不久的未來，還能重讀經典，每次閱讀都像第一次相逢般充滿驚喜，而且文本的況味會隨年齡與人生見識，有了更深的體悟。

藥①

——魯迅

一

秋天的後半夜，月亮下去了，太陽還沒有出，只剩下一片烏藍的天；除了夜遊的東西，什麼都睡著。華老栓忽然坐起身，擦著火柴，點上遍身油膩的燈盞，茶館的兩間屋子裡，便彌漫了青白的光。

「小栓的爹，你就去麼？」是一個老女人的聲音。裡邊的小屋子，也發出一陣咳嗽。

「唔。」老栓一面聽，一面應，一面扣上衣服；伸手過去說，「你給我罷。」

華大媽在枕頭底下掏了半天，掏出一包洋錢②，交給老栓，老栓接了，抖了抖裝入衣袋，又在外面按了兩下；便點上燈籠，吹熄燈盞，走向裡面的屋子去了。那屋子裡面，正窸窸窣窣的響，接著便是一通咳嗽。老栓候他平靜下去，才低低的叫道，「小栓……你不要起來。……店麼？你娘會安排的。」

老栓聽得兒子不再說話，料他安心睡了；便出了門，走到街上。街上黑沉沉的一無所有，只有一條灰白的路，看得分明。燈光照著他的兩腳，一前一後的走。有時也遇到幾隻狗，可是一隻也沒有叫。天氣比屋子裡冷多了；老栓倒覺得爽快，彷彿一旦變了少年，得了神通，有給人生命的本領似的，跨步格外高遠。而且路也愈走愈分明，天也愈走愈亮了。

老栓正在專心走路，忽然吃了一驚，遠遠裡看見一條丁字街，明明白白橫著。他便退了幾步，尋到一家關著門的鋪子，蹩進簷下，靠門立住了。好一會，身上覺得有些發冷。

「哼，老頭子。」

「倒高興……。」

老栓又吃一驚，睜眼看時，幾個人從他面前過去了。一個還回頭看他，樣子不甚分明，但很像久餓的人見了食物一般，眼裡閃出一種攫取的光。老栓看看燈籠，已經熄了。按一按衣袋，硬硬的還在。仰起頭兩面一望，只見許多古怪的人，三三兩兩，鬼似的在那裡徘徊；定睛再看，卻也看不出什麼別的奇怪。

沒有多久，又見幾個兵，在那邊走動；衣服前後的一個大白圓圈，遠地裡也看得清楚，走過面前的，並且看出號衣③上暗紅的鑲邊。——一陣腳步聲響，一眨眼，已經擁過了一大簇人。那三三兩兩的人，也忽然合作一堆，潮一般向前進；將到丁字街口，便突然立住，簇成一個半圓。

老栓也向那邊看，卻只見一堆人的後背；頸項都伸得很長，彷彿許多鴨，被無形的手捏住了的，向上提著。靜了一會，似乎有點聲音，便又動搖起來，轟的一聲，都向後退；一直散到老栓立著的地方，幾乎將他擠倒了。

「喂！一手交錢，一手交貨！」一個渾身黑色的人，站在老栓面前，眼光正像兩把刀，刺得老栓縮小了一半。那人一隻大手，向他攤著；一隻手卻撮著一個鮮紅的饅頭④，那紅的還是一點一點的往下滴。

老栓慌忙摸出洋錢，抖抖的想交給他，卻又不敢去接他的東西。那人便焦急起來，嚷道，「怕什麼？怎的不拿！」老栓還躊躇著；黑的人便搶過燈籠，一把扯下紙罩，裹了饅頭，塞與老栓；一手抓過洋錢，捏一捏，轉身去了。嘴裡哼著說，「這老東西……。」

「這給誰治病的呀？」老栓也似乎聽得有人問他，但他並不答應；他的精神，現在只在一個包上，彷彿抱著一個十世單傳的嬰兒，別的事情，都已置之度外了。他現在要將這包裡的新的生命，移植到他家裡，收穫許多幸福。太陽也出來了；在他面前，顯出一條大道，直到他家中，後面也照見丁字街頭破匾上「古軒亭口」這四個黯淡的金字。

二

老栓走到家，店面早經收拾乾淨，一排一排的茶桌，滑溜溜的發光。但是沒有客人；只有小栓坐在裡排的桌前吃飯，大粒的汗，從額上滾下，夾襖也貼住了脊心，兩塊肩胛骨高高凸出，印成一個陽文的「八」字。老栓見這樣子，不免皺一皺展開的眉心。他的女人，從灶下急急走出，睜著眼睛，嘴唇有些發抖。

「得了麼？」

「得了。」

兩個人一齊走進灶下，商量了一會；華大媽便出去了，不多時，拿著一片老荷葉回來，攤在桌上。老栓也打開燈籠罩，用荷葉重新包了那紅的饅頭。小栓也吃完飯，他的母親慌忙說：「小栓——你坐著，不要到這裡來。」一面整頓了灶火，老栓便把一個碧綠的包，一個紅紅白白的破燈籠，一同塞在灶裡；一陣紅黑的火焰過去時，店屋裡散滿了一種奇怪的香味。

「好香！你們吃什麼點心呀？」這是駝背五少爺到了。這人每天總在茶館裡過日，來得最早，去得最遲，此時恰恰蹩到臨街的壁角的桌邊，便坐下問話，然而沒有人答應他。「炒米粥麼？」仍然沒有人應。老栓匆匆走出，給他泡上茶。

「小栓進來罷！」華大媽叫小栓進了裡面的屋子，中間放好一條凳，小栓坐了。他的母親端過一碟烏黑的圓東西，輕輕說：

「吃下去罷，——病便好了。」

小栓撮起這黑東西，看了一會，似乎拿著自己的性命一般，心裡說不出的奇怪。十分小心的拗開了，焦皮裡面竄出一道白氣，白氣散了，是兩半個白麵的饅頭。——不多工夫，已經全在肚裡了，卻全忘了什麼味；面前只剩下一張空盤。他的旁邊，一面立著他的父親，一面立著他的母親，兩人的眼光，都彷彿要在他身上注進什麼又要取出什麼似的；便禁不住心跳起來，按著胸膛，又是一陣咳嗽。

「睡一會罷，——便好了。」

小栓依他母親的話，咳著睡了。華大媽候他喘氣平靜，才輕輕的給他蓋上了滿幅補釘的夾被。

三

店裡坐著許多人，老栓也忙了，提著大銅壺，一趟一趟的給客人沖茶；兩個眼眶，都圍著一圈黑線。

「老栓，你有些不舒服麼？——你生病麼？」一個花白鬍子的人說。

「沒有。」

「沒有？——我想笑嘻嘻的，原也不像……」花白鬍子便取消了自己的話。

「老栓只是忙。要是他的兒子……」駝背五少爺話還未完，突然闖進了一個滿臉橫肉的人，披一件玄色布衫，散著紐扣，用很寬的玄色腰帶，胡亂捆在腰間。剛進門，便對老栓嚷道：

「吃了麼？好了麼？老栓，就是運氣了你！你運氣，要不是我信息靈……。」

老栓一手提了茶壺，一手恭恭敬敬的垂著；笑嘻嘻的聽。滿座的人，也都恭恭敬敬的聽。華大媽也黑著眼眶，笑嘻嘻的送出茶碗茶葉來，加上一個橄欖，老栓便去沖了水。

「這是包好！這是與眾不同的。你想，趁熱的拿來，趁熱的吃下。」橫肉的人只是嚷。

「真的呢，要沒有康大叔照顧，怎麼會這樣……」華大媽也很感激的謝他。

「包好，包好！這樣的趁熱吃下。這樣的人血饅頭，什麼癆病都包好！」

華大媽聽到「癆病」這兩個字，變了一點臉色，似乎有些不高興；但又立刻堆上笑，搭訕著走開了。這康大叔卻沒有覺察，仍然提高了喉嚨只是嚷，嚷得裡面睡著的小栓也合夥咳嗽起來。

「原來你家小栓碰到了這樣的好運氣了。這病自然一定全好；怪不得老栓整天的笑著呢。」花白鬍子一面說，一面走到康大叔面前，低聲下氣的問道，「康大叔——聽說今天結果的一個犯人，便是夏家的孩子，那是誰的孩子？究竟是什麼事？」

「誰的？不就是夏四奶奶的兒子麼？那個小傢伙！」康大叔見眾人都聳起耳朵聽他，便格外高興，橫肉塊塊飽綻，越發大聲說，「這小東西不要命，不要就是了。我可是這一回一點沒有得到好處；連剝下來的衣服，都給管牢的紅眼睛阿義拿去了。——第一要算我們栓叔運氣；第二是夏三爺賞了二十五兩雪白的銀子，獨自落腰包，一文不花。」

小栓慢慢的從小屋子裡走出，兩手按了胸口，不住的咳嗽；走到灶下，盛出一碗冷飯，泡上熱水，坐下便吃。華大媽跟著他走，輕輕的問道，「小栓，你好些麼？——你仍舊只是肚餓？……」

「包好，包好！」康大叔瞥了小栓一眼，仍然回過臉，對眾人說，「夏三爺真是乖角兒，要是他不先告官，連他滿門抄斬。現在怎樣？銀子！——這小東西也真不成東西！關在牢裡，還要勸牢頭造反。」

「阿呀，那還了得。」坐在後排的一個二十多歲的人，很現出氣憤模樣。

「你要曉得紅眼睛阿義是去盤盤底細的，他卻和他攀談了。他說：這大清的天下是我們大家的。你想：這是人話麼？紅眼睛原知道他家裡只有一個老娘，可是沒有料到他竟會這麼窮，榨不出一點油水，已經氣破肚皮了。他還要老虎頭上搔癢，便給他兩個嘴巴！」

「義哥是一手好拳棒，這兩下，一定夠他受用了。」壁角的駝背忽然高興起來。

「他這賤骨頭打不怕，還要說可憐可憐哩。」

花白鬍子的人說，「打了這種東西，有什麼可憐呢？」

康大叔顯出看他不上的樣子，冷笑著說，「你沒有聽清我的話；看他神氣，是說阿義可憐哩！」

聽著的人的眼光，忽然有些板滯；話也停頓了。小栓已經吃完飯，吃得滿頭流汗，頭上都冒出蒸氣來。

「阿義可憐——瘋話，簡直是發了瘋了。」花白鬍子恍然大悟似的說。

「發了瘋了。」二十多歲的人也恍然大悟的說。

店裡的坐客，便又現出活氣，談笑起來。小栓也趁著熱鬧，拚命咳嗽；康大叔走上前，拍他肩膀說：

「包好！小栓——你不要這麼咳。包好！」

「瘋了。」駝背五少爺點著頭說。

四

西關外靠著城根的地面，本是一塊官地；中間歪歪斜斜一條細路，是貪走便道的人，用鞋底造成的，但卻成了自然的界限。路的左邊，都埋著死刑和瘐斃的人，右邊是窮人的叢塚。兩面都已埋到層層疊疊，宛然闊人家裡祝壽時的饅頭。

這一年的清明，分外寒冷；楊柳才吐出半粒米大的新芽。天明未久，華大媽已在右邊的一座新墳前面，排出四碟菜，一碗飯，哭了一場。化過紙⑤，呆呆的坐在地上；彷彿等候什麼似的，但自己也說不出等候什麼。微風起來，吹動他短髮，確乎比去年白得多了。

小路上又來了一個女人，也是半白頭髮，襤褸的衣裙；提一個破舊的朱漆圓籃，外掛一串紙錠，三步一歇的走。忽然見華大媽坐在地上看他，便有些躊躇，慘白的臉上，現出些羞愧的顏色；但終於硬著頭皮，走到左邊的一座墳前，放下了籃子。

那墳與小栓的墳，一字兒排著，中間只隔一條小路。華大媽看他排好四碟菜，一碗飯，立著哭了一通，化過紙錠；心裡暗暗地想，「這墳裡的也是兒子了。」那老女人徘徊觀望了一回，忽然手腳有些發抖，蹌蹌踉踉退下幾步，瞪著眼只是發怔。

華大媽見這樣子，生怕他傷心到快要發狂了；便忍不住立起身，跨過小路，低聲對他說，「你這位老奶奶不要傷心了，——我們還是回去罷。」

那人點一點頭，眼睛仍然向上瞪著；也低聲吃吃的說道，「你看，——看這是什麼呢？」

華大媽跟了他指頭看去，眼光便到了前面的墳，這墳上草根還沒有全合，露出一塊一塊的黃土，煞是難看。再往上仔細看時，卻不覺也吃一驚；——分明有一圈紅白的花，圍著那尖圓的墳頂。

他們的眼睛都已老花多年了，但望這紅白的花，卻還能明白看見。花也不很多，圓圓的排成一個圈，不很精神，倒也整齊。華大媽忙看他兒子和別人的墳，卻只有不怕冷的幾點青白小花，零星開著；便覺得心裡忽然感到一種不足和空虛，不願意根究。那老女人又走近幾步，細看了一遍，自言自語的說，「這沒有根，不像自己開的。——這地方有誰來呢？孩子不會來玩；——親戚本家早不來了。——這是怎麼一回事呢？」他想了又想，忽又流下淚來，大聲說道：

「瑜兒，他們都冤枉了你，你還是忘不了，傷心不過，今天特意顯點靈，要我知道麼？」他四面一看，只見一隻烏鴉，站在一株沒有葉的樹上，便接著說，「我知道了。——瑜兒，可憐他們坑了你，他們將來總有報應，天都知道；你閉了眼睛就是了。——你如果真在這裡，聽到我的話，——便教這烏鴉飛上你的墳頂，給我看罷。」

微風早經停息了；枯草支支直立，有如銅絲。一絲發抖的聲音，在空氣中愈顫愈細，細到沒有，周圍便都是死一般靜。兩人站在枯草叢裡，仰面看那烏鴉；那烏鴉也在筆直的樹枝間，縮著頭，鐵鑄一般站著。

許多的工夫過去了；上墳的人漸漸增多，幾個老的小的，在土墳間出沒。

華大媽不知怎的，似乎卸下了一挑重擔，便想到要走；一面勸著說，「我們還是回去罷。」

那老女人嘆一口氣，無精打采的收起飯菜；又遲疑了一刻，終於慢慢地走了。嘴裡自言自語的說，「這是怎麼一回事呢？……」

他們走不上二三十步遠，忽聽得背後「啞——」的一聲大叫；兩個人都竦然的回過頭，只見那烏鴉張開兩翅，一挫身，直向著遠處的天空，箭也似的飛去了。⑥

一九一九年四月

①本篇最初發表於一九一九年五月《新青年》第六卷第五號。按：篇中人物夏瑜隱喻清末女革命黨人秋瑾。秋瑾在徐錫麟被害後不久，也於一九〇七年七月十五日遭清政府殺害，就義的地點在紹興軒亭口。軒亭口是紹興城內的大街，街旁有一牌樓，匾上題有「古軒亭口」四字。

②洋錢：指銀元。銀元最初是從外國流入我國的，所以俗稱洋錢；我國自清代後期開始自鑄銀元，但民間仍沿用這個舊稱。

③號衣：指清朝士兵的軍衣，前後胸都綴有一塊圓形白布，上有「兵」或「勇」字樣。

④鮮紅的饅頭：即蘸有人血的饅頭。舊時迷信，以為人血可以醫治肺癆，劊子手便借此騙取錢財。

⑤化過紙：紙指紙錢，一種迷信用品，舊俗認為把它火化後可供死者在「陰間」使用。下文說的紙錠，是用紙或錫箔折成的元寶。

⑥秋瑾：「不惜千金買寶刀，貂裘換酒也堪豪。一腔熱血勤珍重，灑去猶能化碧濤。」

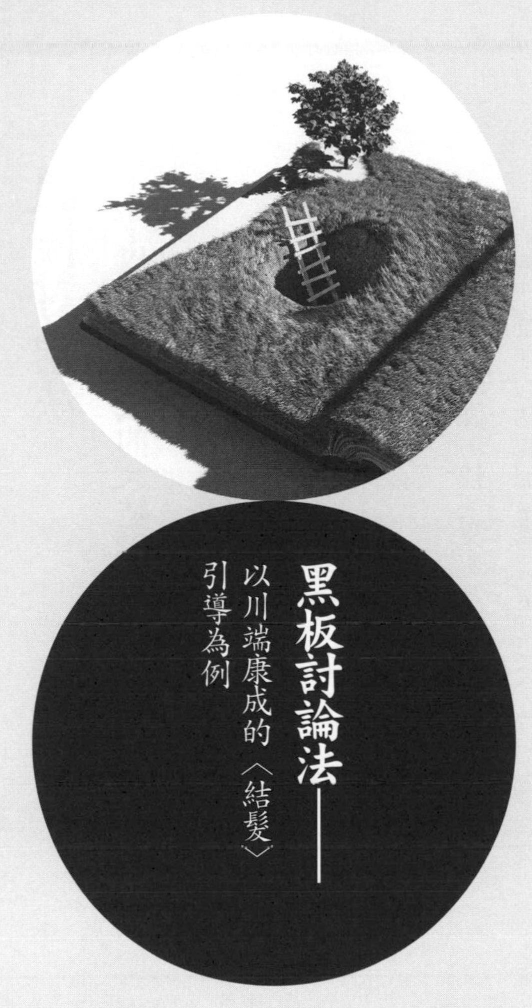

黑板討論法——

以川端康成的〈結髮〉引導為例

黑板討論法
——以川端康成的〈結髮〉引導為例

「你這樣寫功課，快要來不及了，你知道嗎？」
「為什麼你的功課總是寫得這麼慢？」
「看看時間，你是不是該把電視關掉啦？」
「都什麼時候了！你是不是該去寫功課啦？」

以上對話看似開放，目的卻非常封閉。一般來說，可能是家長或教師對孩子所言，無論誰對誰講，氣氛較僵硬，語帶提醒，而這些提問的答案往往來自提問者的意志。況且有些提問屬於「曖昧溝通」，也就是語意不確定，卻要求對方同意自己的要求。這點我在《對話的力量》已闡述，並示範模擬了較棘手的孩子打電動逾時問題。

類似「你這樣寫功課，快要來不及了，你知道嗎？」的句子，或許孩子能揣測家長或教師的目的，加快速度。但在加速的年代，當課堂學習愈來愈生活化，愈來愈多元，面對學習議題不再是守舊，而是向前行之際，要是學生挑戰老師課程，往往也令人措手不及。尤其是文學，我認為是世界上最具魅力的藝術之一，但是對提不起勁的學生，往往如雞肋無味，難為了有教學熱情的教師。

想想看，要是某天上課，台下有人這樣提問：「這文章我又看不懂，為什麼要我們讀這種文章？對我們又有什麼用？」

這是真實發生在我身上的提問。讀者稍微在這句話停頓，不妨思索該如何面對？想必引動很多人的神經與腦細胞，無論怎麼樣回應，都不會盡如人意。萬事萬物未必有答案，世上最迷人之處，在於每個人都有呼應的想法，並藉由對話，讓彼此想法導入深刻的交流。我認為這才是最佳方向。

好吧！「這文章我又看不懂」的文章，是川端康成的極短篇小說〈結髮〉（孩子們原先看的版本，原出版社翻譯為〈髮〉），這問題看起來像早晨起床糾結的頭髮難解，但是用本章介紹的**「故事黑板法」**，這議題成了大家深刻思索的平台了。

封閉提問與開放提問

在介紹「故事黑板法」前，我再次說明何謂「封閉式提問、開放式提問」，雖然前章節略已說明，但再次闡述有助於大家進行接下來的操作。

魯迅的〈藥〉是相對困難的文本，我採用較為封閉的提問，亦即讓孩子按圖索驥，不斷重新參與文本，核對問題是否為答案，此舉有助於孩子逐漸熟悉文本，了解文本到底在說些什麼。

在魯迅〈藥〉的引導，我提及「封閉的提問，並非皆一無是處，比如要核對某個訊息時」。雖然是封閉性提問，核對問題的答案，提問人不能以「對」、「錯」回應，而是帶出核對與挑戰，讓應答者覺知與審思，更投入文本的判讀。

核對訊息使用封閉提問，幫助對方覺知，但是依然有其侷限，一旦提問人刻意引導，**指向的不是寬闊的探索，可能具有誤導、引誘、推入答案之嫌**。因為封閉式的提問，傾向馬上思考問題，立刻解決問題，提問人已經有了定見，往往想要教導人該如何走向狹隘的答案，窄化人的思索。

開放性提問，顧名思義，傾向的目標是「開放」，認為對方有能力，且能力的培養不是透過灌輸，而是透過啟發而來，亦尊重對方的意見。因此透過對話產生覺知、脈絡、定見，經由問話的人協助探索，讓孩子看見盲點，開發深邃寬闊的眼界，進而由自己找到答案，訓練思辨判斷的能力。

然而開放性對話，最困難之處在於，人們往往有了定見，有了定見不知如何辯證。這樣的定見常是「二元對立」思維，因此教師或父母，在日常生活的對話，已經形成了制約的反應，需要慢慢自我覺知改變；在閱讀引導的開放式問話中，即使揚棄了宣教式的引導，不再提供答案，教師或家長卻不知該如何回應孩子，若非一味稱讚孩子不錯，就是容易跌入批判式的回應。

長久以來我們身處的社會，習慣「贊同」或者「批判」，尤其批判性思維曾被大量鼓勵，加上提出負面說法甚容易，批判性思維成為一種主流。時至加速年代的今日，資訊的大量湧入，權威被解構了，覺知方式也改變了，若是採用批判式對話，集中力量戳弄他人錯誤，容易進入對抗模式，而非開啟覺知的模式。若長期以批判性思維跟孩子進行對話，孩子易淪於較勁的窠臼。

以開放性提問為基礎，若是問題失焦了，提問人該如何應對？也常讓人焦慮失措。要進行開放性提問，馬步功夫是必須經常練習傾聽、核對與探索，這也是回歸到對話的功課，在閱讀上也非常重要。

故事黑板法的討論

我常常為教學上的需要，廣泛閱讀或請益。我於二〇〇七年左右，在故事協會上課，受教於楊茂秀老師。楊茂秀老師教導的開放式討論法，稱為「故事黑板法」，使我獲益甚多。

我將此開放式討論法，帶回給寫作班教師。寫作班教師大讚太有趣了，紛紛在閱讀課堂使用。但是我後來得知，甚多學習此法的帶領者，在引導閱讀時，甚少使用這樣討論方式，因為開放式討論的場面不容易掌握。

故事黑板法的討論，楊茂秀老師在《誰說沒人用筷子喝湯——大人必修的二十堂兒童哲學課》書中，提出開放式提問的精髓：**「提出有趣的問題」**、**「用有趣的方式提問題」**與**「好好跟人家討論」**。

我從此書整理解釋，得到故事黑板法的操作步驟：在讀完文章後，由學生自由提出「想問的問題」，無論問題優劣與否，都將問題記錄於黑板或海報上，並在問題後頭記錄提問人名字；接著把問題歸類做選擇，最後進行討論。

但是進行此開放式討論，老師需先行引導。**討論時，老師的角色該如何定位呢？**楊茂秀老師的歸納，甚為中肯，且精妙：

一、交通警察：維持討論的秩序。

二、顧問：負責讓每個人把話說清楚。

三、教練：了解學生特性，使學生表現最好。

四、演奏者：使團體和諧。

教師的身分幾乎是掌舵者，要引領學生思緒，又要維持團體秩序，絕對是不小的挑戰。我想，楊茂秀老師所提的四項，是理想狀況。一般來說，教師剛操作時，豈能盡如人意，但是這樣的討論給學生不同的論述平台，非常多人給予正面肯定。

川端康成的〈結髮〉

我在此分享以「故事黑板法」，帶孩子討論川端康成〈結髮〉，給予想藉用此方法的教師、家長參考，搭配在各種教學課堂，應該都極為有趣。好的帶領討論者，往往也是好的對話者，透過一個「文本」，展開彼此的探索與對話，那是何其有趣的事。

〈結髮〉的作者是川端康成（1899－1972），日本知名作家，一九六八年以《雪國》、《古都》與《千羽鶴》榮獲諾貝爾文學獎，是第一個獲此獎項的日本人，也是繼印度文豪泰戈爾之後，第二位獲此獎項的東方人。川端康成以長篇小說享譽，但也寫過不少優秀的短篇小說，字數不多，但甚優美，我喜歡拿他的極短篇為範本，在課堂上進行討論。

〈結髮〉僅有五百字左右，文本的想像空間大，討論起來頗有意思。日本將極短篇稱為「掌中小說」，文字短，但珠璣頗多。川端康成自認，他將掌中小說當作詩來練習，取代了作家年輕時從寫詩開始的路徑。我無法探究〈結髮〉的原文是否如詩，但小說是無法一眼望穿，意涵豐富多元。這種小說脫離作者便自成生命，經由讀者解讀才能成長，或許川端康成本身也不能詳解〈結髮〉的意思。

川端康成在諾貝爾文學獎的頒獎演說稿中，表明他不贊同芥川龍之介、三島由紀夫等友人自殺行徑，自己卻在兩年後於工作室開煤氣自殺，走向日本文人長期來的宿命誘惑，留給後人無數的疑問。這種疑問成了我們解讀〈結髮〉的包容性，這篇小說多麼獨特，我們必須以更多的好奇，才能貼近。

我曾將〈結髮〉運用於中學生、大學生、研究生與中文教授的討論，都有相當精采的展現。至於我的教學課堂，以十二歲小學生為主，這章節提出來的幾個提問，也以他們的想法為主。孩子們通常會很專注閱讀，可能是文章很短，也可能想挑戰「讀不懂」這件事。

我邀請孩子們專注閱讀，特別提醒他們，讀不懂此篇屬於正常，閱讀過程若有不懂之處，待會兒提出來討論；或者是自己很有心得，想要提出分享；或者比較難參透，待會想聽聽他人意見；或者只是一個起心動念，丟出來看看大家怎麼談論……

我特別提醒孩子們，雖然我們要有意識的討論，但是請你們可以提「爛問題」，也就是任何問題，都值得被討論。

在此強調故事黑板法的重要形式，是將提問的發語權，回到課堂參與的所有人，亦即從教師身上，回歸到孩子身上，請孩子們開始提問。發言權回到學生身上可能會面臨的狀況，是在一個團體裡，若是班級經營尚未成熟，孩子會靜默不言，教師除了鼓勵之外，要善用停頓接納，形成發言的團體動力。

我羅列孩子提出的問題，問題後方的英文字，是孩子名字的代稱。另外要說明的是，孩子們閱讀的版本，是大安出版社印行的舊版本，而收入此書的是木馬出版社的新譯版，兩者翻譯有些出入，但是不礙讀者理解，以及進行討論。

為什麼少女要去做頭髮？C

女髮師有幾個人？F

為什麼女髮師有四天的休息？A

為什麼桃瓣髮型的樣子難看（新版本翻譯成樣式一般），全村的少女還想要去做這款頭髮？G

為什麼「男人把女髮師叩了一記。女人那精疲力盡的身軀」，還要「感到一陣醉了一般的甘美的陶醉，同時朝男人瞪了一眼。」（此為舊版本的翻譯）H

為什麼軍隊「嘹亮而充滿活力的喇叭聲，在暮色蒼茫下的村子裡，已逐漸的響亮了起來。」（此為舊版本的翻譯）為什麼是「喇叭聲」？A

為什麼跟著軍隊走，女人就能成為大富翁？B

為什麼「少女們和士兵們之間什麼事也不曾發生？」（此為舊版本的翻譯）E

深山裡為何要做頭髮？D

這個村子裡，好像都沒有男人。D

桃瓣髮型長什麼樣子呀？I

「精疲力竭」是什麼意思呀？A

這篇小說要表達的是什麼呀？」

我羅列了記憶中，最常出現的幾個問題，從後面代稱的英文可見，同個人會提兩次、三次，這樣視狀況是允許的。但是教師也會考量某些人太常發言，而想要平衡班級發言，因此教師可以斟酌選擇，並鼓勵更多其他的孩子提問。

提問的內容，我會仔細核對，他們要問的問題是否如此。有時候我會整理一下，再將問題寫在黑板上，記錄他們的名字，方便大家能夠知道。

孩子的問題，有時候會很無厘頭，比如：「那個電風扇一直轉，讓我沒辦法專心。」

我向孩子核對，那是他要問的問題嗎？他點點頭表示是，我便將問題寫在黑板。當這一類問題被接納，呈現出來，那麼更多的問題就會被提出。但是教師可能會問的是，這些問題被提出來，這樣是可行嗎？

當問題羅列出來之後，要進行問題討論的票選，由學生表決哪些問題是大家關心，最想討論的議題，列為優先順序討論。這是團體動力的展現，因此有些問題會被淘汰。

在此有一個問題，若是團體動力的表決，將看似不重要的問題，表決為優先列為討論呢？這樣的情況，可能眾人覺得此問題重要，但是教師個人認為不重要。其次可能是孩子們起鬨，想要玩耍看會有何反應。

無論如何，都考驗帶領者，如何帶領討論。

非關文本的問題，或者「爛」問題

某科技大學開辦教學實務的研討會，邀人實地操作。我受邀前往，以故事黑板法為脈絡，帶領教師進行〈結髮〉的討論，鼓勵他們大膽提問題。有位教師提出了這樣的問題：「為什麼我們要讀這種文章？」

我感謝教師大膽提問，向該位教師核對，「你要提問的是，『為什麼要讀這種文章？』這是大膽的問題，能不能進一步說明，讓大家知道你的想法？」

提問教師說：「這文章我又看不懂，為什麼要我們讀這種文章？對我們又有什麼用？」

我重新整理，並且複述教師提問，「這種看不懂又沒有用處的文章，為什麼我們還要讀，你的意思是這樣嗎？這是你要提出來的問題嗎？」

提問教師點點頭，我便將這提問寫入黑板了。提問以板書呈現之後，不少教師欣喜的笑著，大概看我如何應對，也有教師搖搖頭嘆氣。

當我接納了提問，其他教師也紛紛提問，聚焦在文本的議題上。提問完畢之後，要進行團體動力表決，通常與文本無關的問題，得到的票數較少，無法進入討論的議程之內，或者安排在最後才討論。往後挪移的議題，是前列問題討論了甚久，這類議題可能有了解答，或者是出於玩耍心而被放棄。**但是這個議題的表決，卻得到第一高的票數，意味著大多數教師都想談這個議題。**

當所有人關切某個提問，無論這問題在主持者的評價是「好」是「壞」，都會是重要議題，意味著這是特定的一群人在意的問題，想要被聽見的，或彼此想要聆聽的是什麼。

然而，這樣的議題不易帶領。比如這項議題，若是討論的群眾隨性發言，主持者沒有核對與連結能力，眾人你一言我一語，不斷批判著「無聊的文本」，擔當主持工作的教師，可能會被批判淹沒，陷入不知所措或道德勸說了。

因此，我對提問教師，重新核對：「過去是否在課堂上，有過類似的經驗？老師進行一篇無聊文章的討論？」

老師點點頭。

我繼續詢問下去，「那時候你怎麼辦呢？」

提問教師說，「覺得很無聊，我就看自己的書，或是發呆呀！很浪費我的時間。」

我接納了那樣的狀況，「所以你不想浪費時間，才提出這樣的問題。」

提問教師點點頭。我謝過這位教師，將這個問題整理之後，帶至團體進行討論，「各位伙伴，請問你們有沒有類似經驗，老師要進行一篇很難、或者很無聊的文章，你一點都不想讀的經驗，能舉手讓我看一下嗎？」

課堂中甚多教師舉手了。

我詢問他們怎麼辦呢？教師侃侃而談，自己還是一個學生的時代，如何應對這樣的狀況，他們也討厭一些無聊文本。

但是無聊文本有沒有收穫呢？不少教師一邊分享，一邊說出自己的收穫，比如很難或很無聊的文章，認真讀完後還是有收穫。我聚焦在他們的對話，當時怎麼願意讀下去，心裡都抗拒了，怎麼還願意讀，這些收穫對他們而言，如今有什麼幫助嗎？

當大家討論一陣子。我再抛出一個議題：假如有一篇文章，教師覺得很重要，有著很棒的寓意，但是這篇文章可能很無趣，教師要如何給你們閱讀，才是比較好的方式呢？

所有人討論了之後，都回到了幾個軌道，如「還是要給我閱讀！」、「像這樣讓我們討論，我們就會比較了解了」……

這個議題討論完了，教師們竟然大力鼓掌。

當初的提問教師，頻頻點頭說，「我明白了！」

他很認真的向我解釋，學生就會這樣提問。他問這個問題，就是想看我怎麼「接招」。

我帶領的討論是一場對話的延伸，包括「傾聽」、「探索」、「核對」、「開發正向經驗」與「表達自己的訊息」。透過這過程，當這類議題被提出，看似與文本無關，其實團體動力會趨向某種價值，這正是教師要帶領討論的議題。這種故事黑板法，看似開放討論，但是主持者並未停止上課，不會使得議題流於一場吐槽謾罵的大會，而是能傾聽所有人心聲，真正面對一個問題「討論」，那是非常重要的課題。

我曾在《麥田裡的老師．教育的挫折》一文中，以類似的討論方式，帶領全班討論：如何分組、上課秩序不佳、學生反映上課無聊等狀況，亦即將對話延伸至討論。這和帶領閱讀討論，完全是同一種方法與態度。

從核對引導問題意識

操作「故事黑板法」，將提問一一臚列之後，接著要進行歸類。歸類的意思是將所有的提問統整。有些問題來自不同的發問者，討論的內容很相似，這時候可先行歸納整理，甚至合併成一題討論，比較有效率。這部分的工作我常省略，主因是個人因素居多，一來懶得歸類，二來是習慣不歸類，而是讓討論自由的流動至同類型議題。

每個問題被書寫在黑板之前，我常請提問的同學指出，提問的線索在第幾行，有助於孩子重新釐清提問，也有助於其他人再次參與文本，了解彼此所提的問題為何。

比如，上述常被提出的問題，票數經常占據高票的是：「為什麼桃瓣髮型的樣子難看，全村的少女還想要去做這款頭髮？」（本文後面附上的新版本，翻譯成『接待客人，簡直成了新鮮的事。姑娘們總是惦記著把頭髮梳妝一番。』此處提問是依大安出版社的舊版本，所以有「桃瓣髮型的樣子難看」議題，特別說明。）顯然這問題很多人關注，或是由他人提問後，不少人的問題意識被觸動。

我通常請提問者G陳述，當初提出這個問題，他的想法為何。

G回答：「做頭髮都是為了好看呀！為什麼樣子難看的頭髮，少女還要去做呢？」

我回饋給G，這是個好的問題，並且詢問G，自己心裡有答案嗎？

G：「我覺得很奇怪！可能是……那個理髮師只會做那一種頭髮吧！」

有一個有趣的現象必須說明，很多孩子在詢問之前，對問題無見解，但是在重新核對的瞬間，他們忽然都有了自己的答案。這是怎麼回事？這之間的轉折是什麼，他們都答不上來。這個常見的現象，和即席的創造力有關，提問者再次被徵詢時都能集中思緒解答。這是我的觀察與解釋。

我先整理G的想法，以便核對他所表達是否如此：「你的意思是，這個村子裡面的理髮師，只會做一種頭髮；這種頭髮很難看，但是軍隊要來了，所以少女們還是去做了，是這個意思嗎？」

若這是G的意思，G會重新回應我所整理的，這是他要表達的意思。有時候經由我整理，原先提問且回答的學生，也可能發現自己的謬誤，或者對自己的問題有了新的覺察。

當G的提問由自己回答之後，我常會詢問眾人，是否同意G的意見？或者有不同的看法出現？我希望他們說說理由。

A立刻舉手反駁了，「如果那個理髮師，只會做那麼難看的頭髮，少女就不要去做了呀！」

G找理由說服，「因為有客人要來呀！做頭髮表示禮貌。」

A也會再次反駁，「那就在家裡自己弄就好了呀！要是我，就不會去做頭髮。」

K說，「做頭髮可能是禮貌呀！而且少女不會自己弄頭髮。」

D持不同回應：「可是其他村子的理髮師，也是做桃瓣髮型呀！怎麼大家都只會那種頭髮！」

我請D指出來，文章何處寫到其他村子理髮師，只會做同樣頭髮。

D將自己的資訊，在文本中找到證據。這裡的線索有點隱晦，但是D找出脈絡，朗讀出他的線索。

G重新捍衛自己，「可能在那個村莊，做頭髮是一種基本禮貌！」

B有更不同的意見，「可能那種頭髮很好看，是作者自己覺得不好看！」

我重新整理了B的意見，「所以你的意思，這裡評論的人，其實是作者自己跳出來發言？」

B點點頭表示如此。

有時我會視情況允許，將問題帶至文本層次，詢問孩子們是否曾看過，哪本小說是作者跳出來批論的文章，雖然大部分他們想不起來，但是對文本的認識會多一層。

有的孩子會詢問，「桃瓣髮型是什麼樣子？」

我並未直接給答案，反而詢問桃瓣髮型，跟現在這個問題有關嗎？

孩子常爭先恐後說，「當然有呀！這樣我們才知道好不好看？」

我請孩子們自己想像一下，是否看過桃花？桃瓣會是什麼形狀？我沒有特定答案，但經由這過程，刺激他們的想像力。

有的孩子很聰明，紛紛要我拿手機搜尋桃瓣的樣子。他們對桃花與髮型之間的連結有了各種想法，有人覺得青春，有人覺得像是粉色斗笠；當然有人覺得為何不用櫻花，這更貼近日本風格。

有的孩子到黑板畫了桃瓣髮型，不知道是太醜，還是筆畫過於撩亂，惹得大家哈哈大笑。

H這時有了新的看法，「我覺得做那種頭髮，不是因為禮貌，是為了要保護自己。」

我好奇的詢問，「怎麼會是保護自己呢？你從哪裡來判斷呢？」

H說明：「因為是軍隊要來呀！軍隊都是男人，而且每一戶人家都有軍人去借住，少女為了保護自己呀！所以要做很醜的髮型。」

我以封閉性提問法，請H指出文章哪兒提及「每一戶都有軍人住」，再詢問全班同學，他們同意H的看法嗎？

H補充說明，因為少女沒結婚，怕被軍人冒犯呀！

此話一說出來，學生們紛紛大笑。

這看法隨即得到大部分同學們的支持，連提出「做桃瓣髮型是居於禮貌」的G，也傾向H的見解。這時候，我會邀請轉念的同學發言，詢問他們轉而支持他人的原因。討論至此，針對桃瓣髮型似乎有了結論，但我仍詢問是否有反對意見，或更加贊同的理由，請提出見解或證據。

這時有了反駁的聲音，D找到新證據，拿著文章逐字逐句的念著：「有客人來，那可是極其稀罕的。大概就是為了這個緣故，少女們也就不由得想做做頭髮去吧。」

我向D核對，那代表什麼呢？

「那代表少女做頭髮，是為了歡迎稀罕的客人，不是為了保護自己！而且把頭髮做得難看，還要花錢耶！幹嘛不把自己的臉塗黑就好了？」

D講得很有洞見，使我扣緊這個主題，問：「那難看的桃瓣髮型，少女們為何想要去做呢？」

D說，「我也不知道！」

倒是T有了答案，「我覺得很像是風俗儀式，為了要吸引軍人注意。」

這樣的討論非常激烈，在新論點出來後，繼而有人翻案，彼此的觀點會游移，孩子們不斷的深入文本，對文本有更多的理解。因為篇幅的關係，我僅就孩子們提出的某項問題，呈現討論課程中的面貌，其他提問就不一一呈現。

若是孩子們的答案，可能是錯誤的呢？

我身為主持引導者，有時會加入觀點，以挑戰的方式參與辯證的行列。但是挑戰的同時，要顧及孩子的權利，也要看重孩子的意見，要正向看待他們的言論。而孩子們經歷了熱烈的討論，發現每個提問都有些關聯，幾乎要將整個文本解讀好幾遍了，讓我感覺無比欣喜。

文章討論過後，不少孩子希望我講答案，偏偏沒有標準答案，但是我有自己的見解。有時經孩子們央求，我也會在討論最後，給予個人見解，並且邀請他們勇敢質疑我，不要認為我講的就是正確。

我認為「故事黑板法」的形式，極易引動大家的探究與討論，討論主題也不僅限在文學課程，可以擴大到社會議題。若是學校教學，偶爾以教科書內文來討論，將帶來更活絡的創造力，讓解讀文本成為更有趣的活動。

開放式討論需注意……

川端康成的〈結髮〉不是代表作，他以長篇小說飲譽。蔚為奇觀的是，他的長篇小說常有電影與電視劇的導演重新詮釋，《雪國》七次改編、《伊豆舞孃》十次改編，近日上演的《古都》也是以原著後續的手法進行。尤以《伊豆舞孃》改編頻仍，幾乎挑動了日本導演的創作神經，知名演員希望被延攬擔綱。可見重新詮釋文本的活動，向來沒有停止過，透過每次的解讀，都是再創造。

一個文本的開放性大，讀者再創造的空間就大。〈結髮〉具有詩意，象徵意涵飽滿，讀者能詮釋的機會就多了，就像《伊豆舞孃》多次被重新影像化，重新賦予不同風格，創造多層的意義，這種「過度詮釋」往往是經典能夠創造新生命的方式之一。

再創造需要想像，「想像比知識更重要」，這是愛因斯坦講的。文學的解讀需要想像力，這種想像力延伸到各領域，曾任Google要職的李開復舉過一個例子，某高科技公司面試新人時，常舉古怪的口試例子，比如下水道的人孔蓋為什麼是圓的。這沒有標準答案，學校也沒教，只要面試者提出見解即可，如果常追求標準答案的人往往被自己鎖死。圓的人孔蓋可以滾動；圓是最小的面積，能節省經費；圓形人孔蓋不容易掉下圓坑，方形的卻會。如果常啟動想像力，而又能大膽嘗試者，自然會有更多創造力的迸發，文學是這樣，世界也是這樣。

然而，〈結髮〉到底說些什麼？還有個令人玩味與莞爾的故事。我曾受邀擔任講座，為「大專閱讀與書寫計畫」示範教學，受邀前往一些科技大學帶領閱讀示範。

有一次我到了某科大，為通識課程老師示範，如何帶學生討論文學。我使用的是以「故事黑板法」帶領〈結髮〉。未料那是午後第一節課，不少學生趴在桌上，正呼呼大睡午覺呢！那真是示範課程的大考驗。

我走到教室行列中，先請睡覺的學生起床，詢問他們睡覺的緣由，這是在閱讀討論之前的對話。隨後我討論了課堂的狀況，表達我對學習的期待，並詢問他們來上課的目的，期待課堂要怎樣進行。最後我邀請他們先清醒十五分鐘，若是課程對他們無益，我便不再打擾他們睡覺。

隨後的上課方式，我並未立刻進入閱讀，是以自己的生命過程，進行十五分鐘左右的短講，與科大生進行連結，讓他們對我有一點兒好奇。

在這些鋪墊都完成之後，我進入此篇文章閱讀與討論。全班五十位學生，幾乎專注進入閱讀行列，雖然也有一兩位打瞌睡，但是我已經感到非常安慰了。隨後的討論更是精彩，所有的同學熱烈提問，也熱烈的討論文本。

科大生討論此篇文章，最值得一提的是，他們認為這是「情色」文學，還提了多次文本「證據」，佐證他們的論點正確。

我最後提出個人見解時，也接受科大生提出的質疑，雙方交流頻繁，完成了一場活絡的討論課。課程結束之後，有幾位觀課的教授搖頭，對我訴苦學生的學習狀況，或者抱歉說：「你看看這些孩子，把一個大文學家的作品，解讀成情色文學，唉……」

我告知教授們，一個他們難以相信的事實，這篇小說的討論，我曾帶領一批輔大博士生TA（教學助理），以及中興大學中文系教授討論過，不少人的解讀都跟科大生雷同。

這要提醒的是，當提問、討論與文本的交流平台建立了，而解答的權力被解構，討論者會有各種思維激發，不斷的衝擊教師的「標準答案」。教師如何面對此種情況，那就是一個挑戰了。

教師要如何表達意見，又能讓孩子們考試得體？解決的方法其實並不困難，我在此就留下一個關子，有請所有教師提問與討論了……

結髮

——川端康成

一位姑娘想梳頭。

是在深山的一個小村莊裡。

這姑娘來到梳頭鋪，大吃了一驚。村姑娘都已聚集在那裡了。

姑娘們梳理著樣式一般的桃瓣型髮髻，剛剛齊集的當天晚上，一中隊的士兵開到這個村莊來。村公所把他們分派在各家各戶泊宿。總之，全村無一戶沒有客人。接待客人，簡直成了新鮮的事。姑娘們總是惦記著把頭髮梳妝一番。

當然，姑娘們和士兵之間沒有發生任何事情。翌日一大早，中隊就開拔，離開村莊，越過山頭了。

然而，梳頭婦已經累得精疲力竭，她以為有四天可以完全空閒了。勞動過後，心情愉快，與軍隊開拔的同一早晨，她乘馬車越過同一山頭，和她的男人幽會去了。

「啊，真高興。你來得正好，幫個忙吧。」

這裡也聚滿了村姑娘。

她在這裡也為別的姑娘梳起桃瓣型髮髻來，傍晚時分才到她的男人勞動所在村莊的小銀礦山去。一見她的男人，就說：

「要是我跟著大兵走，準會賺大錢的。」

「跟著走？別開玩笑。你以為那幫穿黃色軍服的小毛孩子好嗎？混蛋！」

男人狠狠地揍了一下梳頭婦。

梳頭婦累得身心交瘁，渾身軟癱。她以嬌媚的目光把那男子瞪了一眼。

……大兵像是從山上行軍下來了，他們那嘹亮的充滿力量的喇叭聲，響徹了籠鎖在薄暮中的村莊。

——摘自《掌中小說》，川端康成著，葉渭渠譯，木馬文化出版

海報討論法——以顏森的〈失落的森林〉引導為例

海報討論法
——以顏森的〈失落的森林〉引導為例

二〇〇六年春季起，旅美的棒球投手王建民創造了一股旋風。這股旋風席捲台灣的大街小巷，各報紙的頭條是「台灣之光」建仔的勝投紀錄，夾報贈送他在投手丘投球的海報；球迷半夜守在電視機前，觀看美國的大聯盟賽；建仔所屬的紐約洋基隊周邊產品，如球帽、球衣或球員卡，成了台灣潮衣，連洋基隊的A-Rod等明星球員，大家也熟知，街上隨便找個阿貓阿狗都能用棒球當話題，不少空地能看到有人揮棒。

大約在「王建民旋風」吹起之際，我跟一群朋友在台中創辦「千樹成林」創意作文班。那時我離開工作七年的教職，中年轉業，來到都市創業，對於作文教學雖然有經驗，但對創業的門道不熟，對未來充滿遲疑。我每日醒來，腦海得擠出新點子，以增加作文班的能見度，舉辦免費的家長座談、弱勢學童教學，利用放學時到各校門發放傳單，晚上甚至睡在公司。

盡力而為，總有疲憊。我有時候疲憊的走在路上，手拿著傳單，看見王建民身影，會駐足觀看。不少3C產品店的電視牆，可以看到數十個王建民的螢幕轉播，我記得那是二〇〇八年，王建民在洋基的第五場勝投，無論伸卡或指叉球都很犀利，技壓克里夫蘭印地安人的投手沙胖（CC Sabathia）。我不擅長運動，卻對運動技藝很有興趣，看王建民勝投，絕對療癒，疲憊都消除了。我站在電視牆外充滿能量，良久不去，還帶點小激動。

不料，不久後王建民腳傷、手傷，球技大不如從前，離開洋基隊，而球季結束後的沙胖被洋基隊延攬，成為王牌球員。看著王建民往後的球運跌宕，不如往日，怎麼都覺得那年在電視牆的所見是一種淡淡哀傷感，命運如此交錯，那時我四十歲，當時建仔將近三十歲，都在種下自己的森林，而我為「千樹成林」下的行銷語

（slogan）是「每個孩子都是一棵樹，這是森林的開始」之際，未料是建仔離開自己森林的開始。

也差不多在那時候，我開始以「故事海報法」，用在討論〈失落的森林〉等文本。

示範討論與尊重

我以「故事黑板法」帶動〈結髮〉的文本討論。這種形式，由教師引導全班討論，以開放性提問進行，將學生的問題羅列於黑板，教師擔任主持者，引導孩子們交流意見，並穿插著教師的核對與提問。教師的對話能力越成熟，穿針引線的功夫愈好，討論的場面愈活絡，孩子精采的意見也更易激發。

顯然，這樣的討論過程，教師是靈魂人物。假設教師不善於對話，不善主持這類型的討論呢？這時不用拘泥形式，我們可以將方式改變，教師只要讓孩子們發言，將發言者的意見「板書」，透過投票表決問題次序，讓大家遵守秩序發言即可。

孩子的意見能被聽見，也幫助他們投入對話，交流、爭辯、捍衛與溝通彼此的意見，並且深入理解文本。在此過程中，教師也讓孩子學習發言、傾聽、尊重與思考。

在「故事黑板法」邀請孩子大膽提問，不需要他們光是提出好問題，因為提出過於明確的好問題，易使人怯於發言。好問題的形成，是在對話過程中慢慢琢磨，是在思維漸漸蘊含之後成形；再者，看似「不好」的問題，有時迸發創造力的火花，並熱絡場子。但是教師也要防範，孩子的提問與對話，不能帶有人身攻擊，不能嘲諷、隱喻或傷害同學。教師可以正向看待所有人，讓孩子們學得尊重自己與他人，學習接納自己與他人。

下列我舉出常見的狀況，供讀者參考正向回饋。

一個孩子舉手提問，話語零落，不易讓人明白，教師除了幫助孩子組織問題，並且耐心核對問題，也要回饋孩子的勇氣。

一個孩子討論時，不小心人身攻擊，教師需提醒不能針對人，但是需正向回饋孩子的意見。

提問結束後投票，每個人可投一至三票，某人被發現投了四票，教師除了邀請孩子別多投票，也要看見孩子的積極參與。

投票結果，某問題是零票，有些孩子會私下訕笑，使原先提問題的孩子感到尷尬。教師可以感謝提問者，「當初提問的某某，謝謝你這麼認真，看見你更想討論的題目，而願意放棄投自己的一票，顯得非常不容易。」

投票結果若是一票，且是提問人自己投的，我也會感謝提問者，「謝謝你這麼堅持，想要了解自己的提問，即使都沒有人投票，你也沒有放棄。」

上述的正向回饋，並非矯情稱讚，而是教師看見孩子的初心，因此對話的元素是真誠，以一個豐富的眼光「看見」。而故事黑板法的討論，由教師引導對話與討論，同學浸潤幾次以後，就會熟悉討論形式，也懂得更尊重彼此。

故事海報法

將「故事黑板法」的討論形式，帶入各小組裡實行，以海報取代黑板，稱之為「故事海報法」討論。這種方式是閱讀文本之後，將問題寫在海報、白紙或者其他載具，全班分組，每個小組選出組長擔任主持人，選出記錄員記錄，各組自行討論，這是「故事黑板法」討論的縮小版。

「故事黑板法」與「故事海報法」形式，相當有彈性，比如提問可在全班場合產生，各組討論之；或由分組產生提問，各自討論。最大不同之處是，「故事海報法」是小組討論。小組討論的氣氛可以更自由，更熱絡。國外有份教學研究顯示，教師在公開場合提問，發言權很快被反應機敏的學生奪走，反應慢的學生需要一些時間思考，但是時間被壓縮，久而久之，便影響學習。於是，教師改變方式，在公開提問之後，請學生不要公開回答，而是寫在各自的小白板上，等時間到之後，全班展示想法或答案，每位孩子的答案都顧及到了，這使得學習的成果較好。「故事海報法」將發言場合縮小到小組，某種程度而言，是可以顧到回應較慢或較害羞的人。

「故事海報法」的好處，在於形式活潑自由，提問的權利以孩子為主體，不再是教師主導提問，而教師也可視情況，將自己的提問導入。文本的解讀，不同的人看見不同視野，看見不同的重點，也產生不同的生命體驗，討論者的各種想法都能表達，創造力也就充沛，精彩的觀點經常湧現，參與者因此更能進入文本。

我帶領閱讀討論，將焦點討論法（ORID）與故事海報法穿插使用，使課程變得更豐富有趣了。如今翻轉教育盛行，以張輝誠老師為首的學思達，將學生的學習、討論與表達，以小組的形式進行，取代過去教師授課的主體，讓課堂更活潑有創意，都是小組討論展現的生命力，他設計了講義的提問，與故事海報法、焦點討論法等方式，都能達到同樣的效果。而不同的討論形式，可以讓教師擁有更多工具，在運作課堂討論時，將激盪出更多火花。

以下我呈現故事海報法的討論，閱讀文本是丹麥作家約翰內斯・威廉・顏森（Johannes Vilhelm Jensen,1873－1950）的〈失落的森林〉。顏森是丹麥人，被認為是二十世紀丹麥最偉大的作家，於一九四四年獲諾貝爾文學獎。他的主要作品是歷史小說《文明世界》，以此奠定了在丹麥文壇上的地位。

我的閱讀課，文本的選擇很隨性，往往是我近期看了什麼文章，覺得很有趣或重要，便擷選給孩子閱讀討論。曾經以此法討論的作家，包括川端康成、顏森、林裕翼、張大春、駱以軍、陳映真、琦君、舒國治、徐國能、汪曾祺、余華、安房直子等作家，各類童書、古文、古詩詞、現代詩等文類也列入，學生的回饋時常讓我有意想不到的美麗。

失落的森林呈現

我讓孩子即席閱讀〈失落的森林〉，十分鐘至十五分鐘時間，邀請他們專注閱讀完畢。

閱讀完之後，進行分組，每組五至八位學生，各組自行選出小組長、記錄各一位，進行十五至二十分鐘討論。若遇到問題的組別，舉手請教師過去協調，或者解答困惑。

小組長需維持秩序、主持討論，也要控制時間。記錄者需將提問書寫於海報，或者書寫於A4、B5的紙上，記錄也可視需要，記下同學發表的意見，以大綱形式記錄，以利討論後，向全班發言。

整個程序，由教師的故事黑板法，轉為學生的故事海報法討論，討論的程序與責任將更流暢。在故事黑板法裡，教師的角色是主持、維持秩序、確保發言權益、書寫提問於黑板；而在故事海報法，教師的角色轉為觀察者，隨時協助各組的狀況。原先教師的角色，由組長與記錄者分擔了。

小組討論完畢之後，請各組派代表一至二人，至講台報告結果，亦可報告該組最有獨創的想法，每組報告時間三至五分鐘，視情況需求而決定。

以下我分享學生的報告，文字稍加整理過，呈現各組的討論內涵，相當有趣，自成一格：

● 我們這組只討論一題，因為討論詳細，時間很快就過去了，其他的還來不及討論。我們討論最久的一題，是「森林到哪兒去了？」

有人覺得根本就沒有森林，是奴隸記錯了。但是，為什麼會有森林？可能是奴隸精神錯亂了，因為奴工很辛苦，每天只能辛苦的工作，頭腦就會幻想。我們這一組有人看過某本故事書，主角的命運太悲慘了，頭腦裡就有很多幻想。我的意見本來不是這樣，但是聽完後被說服了，因為我小的時候也有幻想，看見我媽媽回家來看過我，她留著長頭髮。但是現實生活中，我沒見過媽媽，她早就過世了，可是我當時一直跟爸爸爭辯，說媽媽有回來過家裡……

有人覺得奴隸回到自己的森林了，但是奴隸卻忘記了，因為奴隸離開家鄉太久了，忘記自己森林的樣子。

有人覺得森林被柯拉砍掉了。柯拉根本不想讓奴隸回去，偷偷砍掉森林。這個世界上，像柯拉這樣的老闆有很多，前幾天電視新聞報導，有一個老闆欺騙員工的手法就是這樣……

有人覺得森林被奴隸自己砍掉了。這位同學說，是奴隸自己夢遊，跑去砍掉了森林，大家覺得很好笑。但是奴隸可能不想回家了，自己偷偷把森林砍掉，自己欺騙自己，這叫自欺欺人。

● 我們這一組也有討論森林在哪裡，但是沒有討論得這麼多。我們覺得最奇怪的是，奴隸為什麼不逃走。他本來是奴隸，被人家抓到市場上去賣，後來到了柯拉的家裡工作，他有很多機會可以逃走。

有人提出見解，以前的奴隸不能逃走，逃走以後會很慘，沒有地方住，也不能活下去，這是奴隸沒有逃走的原因，這都是當時的環境因素。可是柯拉最後讓奴隸去尋找家鄉，奴隸卻找不到森林了；柯拉跟奴隸說：「留在我這裡吧！」可見奴隸可以離開，但是卻選擇不要離開。

奴隸喜歡被虐待，好像吸毒一樣喔！奴隸被鞭打了，卻感到放鬆了，我覺得好奇怪，哪有人喜歡被打。可是有位同學說，他們鄰居的某位媽媽每天被打，但是她還是回家。而且她老公還說，她就是喜歡被打。可能這世界真的有喜歡被打的人吧！

我們覺得很奇怪，這些奴隸都很強壯，一棒就可以打倒一個人，可是為什麼還要當奴隸呢？我們的結論是，他只會當奴隸，其他的都不會呀！

●我們這一組最感興趣的是，柯拉以前是不是也是奴隸，因為柯拉說自己也有一片森林，而且讓奴隸去找森林。柯拉可能有愛心，才讓奴隸去找森林，也有可能自己早就知道，奴隸找不到森林了，因為柯拉自己曾經是奴隸，所以很了解奴隸的心理，最後他一定會再回來的。

另外，我們都一致認為，柯拉可能是個gay，因為他喜歡看奴隸健壯的身體，這理由是故事分明寫：「柯拉坐在門口看那些黑色的肌肉賁張和抖動，覺得是一件賞心樂事。柯拉一天要忘神的看好幾個鐘頭，反正他沒什麼事好做。他開始了解，那個身體是一件漂亮悅目的東西。」如果不是gay的話，怎麼會喜歡看奴隸的身體。而且奴隸還喜歡被虐待，柯拉也喜歡拿鞭子打他們，還說這對他們有好處……

●我們這組也覺得科拉曾經是奴隸，但是沒討論他是不是gay。我們這組討論的是題目為何叫「失落的森林」，認為失落的森林，講的是奴隸失去了森林。可是我們後來發現，柯拉才是失落了自己的森林，因為他本來沒有錢，後來愈來愈有錢了，便忘記自己本來是奴隸的身分了。他把同胞當奴隸，好幫助自己忘記原本的奴隸身分。

我們覺得，自己都可能會有座失落的森林。我本來的家很美好，就像一片美麗的森林，可是自從我國小五年級開始，爸爸媽媽吵架了，那個美麗的森林就再也不見了（孩子講到這兒哭了）……

當報告的孩子哭了，全班都寧靜了，安靜的處於這個時刻。

上述分享，是我記錄的幾個片段，最讓我震撼且記憶深刻的，是最後的一則報告，報告的孩子當眾哭了，在台上哽咽起來，所有的同學都安靜接納。這一班是六年級，十二歲的年齡觸及了深層的內在，十二歲的伙伴們安靜的接納他，與他的眼淚。

當時還出現美麗的插曲，我至今思及，仍然相當感動。當台前的十二歲孩子哭了，台下一位十二歲的同學舉手了。

他很感性說，「老師，我跟他一樣，其實也有一片失落的森林。」

我聽到這裡，有一點兒吃驚，難道這位同學也經歷了父母吵架？我脫口而出的是，「你的父母也吵架了嗎？」

這位孩子搖搖頭，說：「爺爺對我很好，小時候他最疼我，常常買東西給我吃，帶我去很多地方玩，那是我最棒的回憶。但是國小三年級的時候，爺爺過世了，我再也回不去那座美麗的森林了……」

這個孩子說著說著，也哭了起來。

未料這只是觸發點，接著更多的同學分享，他們自己失落的森林。

有的孩子分享，自己的自信心消失了，因為一次考試不理想，被老師當眾指責之後，他就再也沒有自信心了。

有的孩子分享，自己原本很大膽，經過某次事件，自己的勇氣消失了。有一位孩子分享，她失落的森林是一個夢，她一直想學彈琴。

有的孩子分享友情、老家、回憶……

這是美麗的插曲，卻永恆的被我銘記於心。從討論〈失落的森林〉，到孩子們分享自己，分享這篇小說觸動自己的內在。原來每個人都有一片森林，失去了它，我卻期待他們握有種子，再度成為森林之始。

孩子擁有閱讀與討論能力

有一陣子，我前往台東偏鄉，以講座分享我的教育理念。

無論下雨或烈日，無論偏遠的操場，永遠有活力十足的孩子在練棒球。他們面朝大海，或面朝大山，努力讓手中的棒球套發出接球聲響，這是西部孩子所欠缺的活力。在休息時刻，這些臉膛曬黑的孩子們，告訴我他們的夢想，是將來打台灣職棒，或像王建民去打美國大聯盟。

這幾年來，王建民在美國職棒的大聯盟、小聯盟或獨立聯盟間移動。他仍為自己的棒球夢奮戰，每次在投手丘扔出的不只棒球，還有毅力。我記得有部電影《棒球男孩》（Sugar），講述的美國夢與棒球夢。主角阿糖（Suger）是南美多明尼加棒球學校的風雲人物，表現優異，被選入美國職棒的小聯盟農場系統培養，有機會進入大聯盟。不料，在某次季賽中，阿糖到一壘補位，被跑者的釘鞋踩傷了腳，復健後，恢復不了往日的球風，而且遭遇種族問題與文化差異，最後吃禁藥，想重振雄風，卻被抓到，革除球員資格。

阿糖失去夢想，到紐約謀職，在現實工作受挫，不久才獲得穩定成長。在人生的心境與經濟能力穩定後，阿糖重拾球套，在社區當娛樂玩，認識了一群幾乎是在小聯盟農場體系受挫的球員，都是美國夢的破碎者。這齣電影是由ＨＢＯ製作，無須像好萊塢電影迎向全贏的棒球夢，反而更像人生，天涯淪落者畢竟多，生命要懂轉韻才是智慧。

每個人都有夢想，這也是夢碎的開始，難免失落。面對夢想、堅持、努力與失落的人生過程，是我在《心念》與《給長耳兔的36封信》裡談過的人命態度。所以，台灣東部偏鄉遇到所有孩子的棒球夢，都那麼一致，最後難免有人會失落。但是，這種人生夢碎的「標準答案」，他們的教練跟他們談過了，希望這些小孩能顧及功課，退而追求棒球教練或體育教師的夢想。

我有時候也會將「標準答案」攤給學生看。我所謂的「標準答案」，不是人生目標之類的，而是文學閱讀的意涵。過去的課業學習，著重「標準答案」，著重在成績為首下的正確答案。如今在乎創意與多元討論，這兩者在考試框架的囿限下，是否可以並存發展？我認為可以。

我常在開放討論之後，將「標準答案」攤開，做為大家討論的觀點，讓孩子們思考「標準答案」的標準意義。我常看見孩子們，常有不同於標準答案的見解，充滿著創意與奇想，讓我嘖嘖稱奇。但是我提醒孩子，請他們維持活潑的創意，在應付制式的考試之餘，用平衡開放的討論，保持熱情，蓄積能量，面對考試框架被解除的那天後，讓生命有更大的追求。

我曾在體制外學校任教，習慣將深刻文本，以開放的方式引導孩子，引領孩子進入閱讀世界，比如前述蘇童〈小偷〉，以及翻譯文學的〈賭注〉。當我精熟體驗性提問，以此引導孩子進入經典，如魯迅的〈藥〉。當我習得故事海報法，也將注入文學經典討論，發現孩子不僅能讀，也能很深刻的討論。教師將此法融入課堂，可以活絡討論氣氛，也可以從中觀察，發展課程設計的提問，或者搭配各種討論形式，從而設計出屬於自己的討論形式。

從孩子討論川端康成的〈結髮〉，以及此篇〈失落的森林〉，可以看出孩子的迸發能力。來課堂觀課的教師，驚訝於孩子的閱讀能力，亦也驚訝於孩子的討論能力。我以為孩子本就有此能力，只是過去的框架套住了孩子的發展力量，如今透過海報法與對話，將孩子的能力解放而已。

故事黑板法或故事海報法，以開放對話的討論形式，將詮釋文本的權利交給學生。凡是經由教師引導，孩子便「有跡可尋」，能建構出良好的討論品質。他們的討論很精彩，甚多美麗的圖像開展，讓我見識在閱讀之後，他們如何呈現寬闊深邃的力量，令人印象深刻呢！

失落的森林

——顏森

柯拉是一位種田人家的名字。當他存了一些錢，就上城去買奴隸。

奴隸販子給他看了幾名奴隸，但是柯拉都不中意。

「我想，你要我把他們都拉到外頭來吧！」奴隸販子喃喃的說。那時候是正午，奴隸們都在睡午覺。

「我隨時可以轉頭離開的。」柯拉直接說。

「好的，好的！」奴隸販子拉著鎖鍊，奴隸們便睡眼惺忪的列隊而出。柯拉把他們都瞧了一遍，很仔細的把每個人審視一番。

「摸這個看看吧！他是個結實的好傢伙。」奴隸販子說著，把一名奴隸推到前面。

「你看看他的模樣，拍拍看，他不是有強壯的胸膛嗎？再看看他的手腕吧！筋都像小提琴的弦似的。把嘴張開來。」

奴隸販子用一根手指伸到那個奴隸的嘴裡，把臉轉過來，朝向亮光。「現在你會看到一些好牙齒。」販子誇口，用刀背滑過那奴隸的牙齒，說：「看！這些牙齒都像鋼鐵似，他們可以把一根鐵釘咬斷。」

柯拉仍考慮了一會兒。他用手鑑定那名奴隸，用指尖按按光滑的肌肉，試試看結實嗎？最後，他決心把他買下來，皺了眉頭，付了錢，叫人解開奴隸的手銬，就把他帶回家去。

過了沒多久，奴隸生了病，開始憔悴下去。既然奴隸現在不在市場，而是永久住下來，他就開始思念從前住過的森林。這是個好徵兆，柯拉曉得的。有一天，柯拉坐在奴隸身旁——奴隸躺在那裡，毫無氣色——他用關切的語氣跟奴隸說話：

「你可以回到你的森林，不用為這擔心。我答應你，你要相信我給你的承諾。你還年輕，你要知道……要是你替我耕田，心甘情願的勤勞五年，我願意給你自由，儘管我已經為你付了錢。五年，合算吧？」

奴隸聽完就工作了，他像惡魔附了身般辛勞。柯拉坐在門口看那些黑色的肌肉賁張和抖動，覺得是一件賞心樂事。柯拉一天要忘神的看好幾個鐘頭，反正他沒什麼事好做。他開始了解，那個身體是一件漂亮悅目的東西。

五年，奴隸盤算了一下——就跟他手指頭一樣的至日（冬至、夏至）。太陽得轉十次。每日黃昏，他注視太陽西下，以石頭和山丘為記號，來觀察次數。每當太陽在地平線再次轉向的時候，他用右手的大拇指來計數，過了另一個至日以後——那似乎是無盡期的難熬——輪到食指，他就自由了。他愛這兩根指頭，勝過其他用來表明他所受的束縛的那些手指頭。

就這樣，計算日子和留心時間的變遷，成為奴隸的宗教，成為他內在財富和精神寶藏——他這點心念，沒有人能與他爭執或抹滅。

隨著時間之消逝，他的計算也擴大了，變得更廣泛深邃。歲月逝去，有如廣大無邊的抽象思維，往往是他無法理解，但是看著每一次的夕陽光輝，這個奴隸的希望就重生，信心也重燃起來。時間，一瞬即逝，卻又無窮無盡的再來，這使未來看似遙遙無期了。

奴隸的精神就這樣加深了，如同他把心念寄託在時間裡一般，他的世界也變得無限了，他的思想也變得無窮無盡。每日黃昏，奴隸都沉思的凝望著遙遠的西方，每個夕陽都給他的靈魂帶來了與日俱增的深邃。

當五年過去的時候——要說這句話是多麼容易的——奴隸走到主人面前，要求自由。他要回到森林的家。

「你是一個認真忠實的工人。」柯拉思索後，認真的說，「告訴我，你的家在哪裡？是在西方嗎？我常常看到你望著那個方向。」

沒錯，他的家是在西方。

「那是很遠囉！」柯拉說。

奴隸點點頭。

「你沒有錢吧！有嗎？」柯拉問。

奴隸沉默不語，侷促不安。他沒有錢，的確沒有錢。

「看吧！你沒有錢，哪也去不成。要是你再替我工作三年，不，就只要兩年吧！我可以給你足夠的錢，當作回家的盤纏。」

奴隸垂下了頭，又回去工作。他工作得很好，但是不再像從前那樣，會留意日子的過去。相反的，他沉溺於白日夢，而且柯拉還聽見奴隸在睡覺時哀嚎和夢囈。過了一些時候，他又病了。

於是柯拉坐到奴隸身旁，認真的跟他談了很久。柯拉的話聽起來慎重，充滿智慧，彷彿是根據誠實的經驗而來的。

「我是個老頭子。」柯拉說，「我年輕的時候，也盼望到西方去。那些大森林向著我揮著手，但是我從來沒有足夠的錢當作路費。現在我永遠去不成了，只能等到死掉的時候，我的鬼魂才會到那裡去。你年輕能幹，工作賣力，但你會比我年輕的時候更強壯、更能幹嗎？把我講的話想一想，聽老人的忠告吧！讓你自己的身體好起來吧！」

但是奴隸康復得很慢。他去工作的時候，沒有昔日的熱忱了。他現在很容易氣餒，雄心壯志都喪失了，而且喜歡在工作時，躺下來睡覺。直到有一天，柯拉鞭打了他。這對奴隸有好處：他哭了。

這樣子，兩年又逝去了。

柯拉真的給奴隸自由了。奴隸前往西方，幾個月之後，他可憐兮兮的回來了。他沒法子找到他的森林。

「你看到了吧！」柯拉說，「我不是警告過你嗎？而且也沒有人會說我待你不好。再試一次吧！這次往東走，說不定你要的森林是在那個方向。」

奴隸再次出發，這一次是面朝太陽走去，而在流浪很久以後，終於來到了嚮往的森林。但是，他不認得這些森林。他感到疲憊又沮喪，他掉頭往西方，回到主人那裡去，告訴主人說，雖然他找到了森林——大大小小的樹林——卻不是夢寐以求的森林。

「哼！」柯拉咳嗽了一聲。

「留在我這吧！」柯拉後來熱誠的說，「我還活著的話，你在這世界上永遠就不會無家可歸了。要是我去世的話，我的兒子會負責照顧你。」因此奴隸就留下來了。

柯拉年老了，但是他的奴隸仍然強壯。柯拉把他養得好好的，使他可以長壽；讓奴隸乾乾淨淨的，使他保有健康，而且隔一段時間就鞭打他，好教他溫順恭敬。對於其他事情，柯拉也不吝惜給予。每個星期天，奴隸都可以自由的坐在一個小丘上，凝望西方。

柯拉的農莊年年豐收，他購買了樹林，闢成耕地，讓奴隸有事做，而奴隸也堅定的砍伐樹木。柯拉現在有錢了，有天他帶了一名女奴回家。

多年過去了，柯拉的家裡有六個健壯的小奴長大了。跟他們的爸爸一樣，他們也辛勤工作。一個人只有在工作的時候，才會覺得時間消逝——他們的爸爸告訴他們說：當一生的日子耗盡時，疲乏的我們會回歸到永恆的森林裡去。所以每個假日，他都把兒子們帶到小丘上，在那裡他們可以注視夕陽。他還教他們如何盼望。

柯拉年老力衰了。不錯，他一向很年邁，但是他現在除了年紀之外，就一無所有了。他的兒子這輩子都沒有強壯過，也不用擔心任何外人，因為每個奴隸都可以一棒打倒人。他們都是強壯的傢伙，有鋼鐵般的肌肉，結結實實，牙齒像虎牙一般。

柯拉家族這時候是夠安全了，有奴隸們揮舞著斧頭在伐木。

國家圖書館預行編目資料

閱讀深動力：從「對話」開啟閱讀，激發出孩子的不凡人生／李崇建、甘耀明著.--臺北市：寶瓶文化, 2017. 05
面；　公分.--（Catcher；087）
ISBN 978-986-406-088-7（平裝）
1. 閱讀
019. 1　　106006582

catcher 087

閱讀深動力——從「對話」開啟閱讀，激發出孩子的不凡人生

作者／李崇建、甘耀明

發行人／張寶琴
社長兼總編輯／朱亞君
副總編輯／張純玲
資深編輯／丁慧瑋　編輯／林婕伃
美術主編／林慧雯
校對／張純玲・劉素芬・陳佩伶・李崇建・甘耀明
營銷部主任／林歆婕　業務專員／林裕翔　企劃專員／李祉萱
財務主任／歐素琪
出版者／寶瓶文化事業股份有限公司
地址／台北市110信義區基隆路一段180號8樓
電話／(02) 27494988　傳真／(02) 27495072
郵政劃撥／19446403　寶瓶文化事業股份有限公司
印刷廠／世和印製企業有限公司
總經銷／大和書報圖書股份有限公司　電話／(02) 89902588
地址／新北市五股工業區五工五路2號　傳真／(02) 22997900
E-mail／aquarius@udngroup.com

法律顧問／理律法律事務所陳長文律師、蔣大中律師
如有破損或裝訂錯誤，請寄回本公司更換
著作完成日期／二〇一七年三月
初版一刷日期／二〇一七年五月三日
初版十八刷日期／二〇二二年一月十九日
ISBN／978-986-406-088-7
定價／三〇〇元

愛書人卡

感謝您熱心的為我們填寫，
對您的意見，我們會認真的加以參考，
希望寶瓶文化推出的每一本書，都能得到您的肯定與永遠的支持。

系列：Catcher 087　　**書名：閱讀深動力——從「對話」開啟閱讀，激發出孩子的不凡人生**

1. 姓名：__________　性別：□男　□女
2. 生日：____年____月____日
3. 教育程度：□大學以上　□大學　□專科　□高中、高職　□高中職以下
4. 職業：__________
5. 聯絡地址：______________________________

   聯絡電話：__________　手機：__________
6. E-mail信箱：____________________

   □同意　□不同意　免費獲得寶瓶文化叢書訊息
7. 購買日期：____ 年 ____ 月 ____日
8. 您得知本書的管道：□報紙／雜誌　□電視／電台　□親友介紹　□逛書店　□網路

   □傳單／海報　□廣告　□其他
9. 您在哪裡買到本書：□書店，店名________　□劃撥　□現場活動　□贈書

   □網路購書，網站名稱：________　□其他________
10. 對本書的建議：（請填代號　1. 滿意　2. 尚可　3. 再改進，請提供意見）

    內容：______________

    封面：______________

    編排：______________

    其他：______________

    綜合意見：______________________________
11. 希望我們未來出版哪一類的書籍：____________________

讓文字與書寫的聲音大鳴大放

寶瓶文化事業股份有限公司

（請沿此虛線剪下）

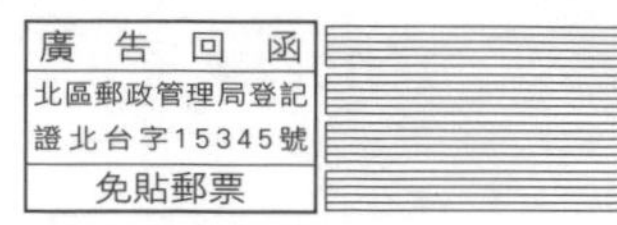

寶瓶文化事業股份有限公司收

110台北市信義區基隆路一段180號8樓

8F,180 KEELUNG RD.,SEC.1,

TAIPEI.(110)TAIWAN R.O.C.

（請沿虛線對折後寄回，或傳真至02-27495072。謝謝）